服务氛围对
情绪劳动影响的实证研究

STUDY ON THE IMPACT OF SERVICE CLIMATE ON
EMOTIONAL LABOR

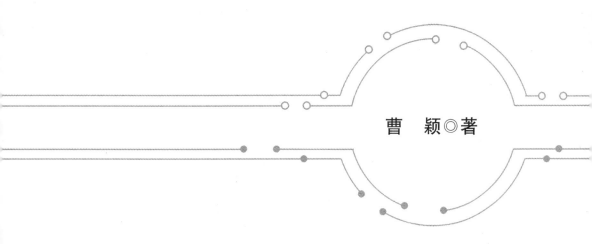

曹　颖◎著

经济管理出版社
ECONOMY & MANAGEMENT PUBLISHING HOUSE

图书在版编目（CIP）数据

服务氛围对情绪劳动影响的实证研究/曹颖著 . —北京：经济管理出版社，2020.6
ISBN 978 - 7 - 5096 - 7191 - 7

Ⅰ.①服… Ⅱ.①曹… Ⅲ.①服务业—职工—服务质量—研究 Ⅳ.①F719.1

中国版本图书馆 CIP 数据核字(2020)第 098882 号

组稿编辑：张永美
责任编辑：魏晨红
责任印制：黄章平
责任校对：陈晓霞

出版发行：经济管理出版社
　　　　　（北京市海淀区北蜂窝 8 号中雅大厦 A 座 11 层　　100038）
网　　址：www. E - mp. com. cn
电　　话：(010) 51915602
印　　刷：三河市延风印装有限公司
经　　销：新华书店
开　　本：720mm × 1000mm/16
印　　张：10. 25
字　　数：196 千字
版　　次：2020 年 7 月第 1 版　　2020 年 7 月第 1 次印刷
书　　号：ISBN 978 - 7 - 5096 - 7191 - 7
定　　价：58. 00 元

前　言

当前服务业发展迅速，对经济增长的贡献逐年增加，服务企业对服务质量的重视程度不断提高，企业已将服务质量视为企业核心竞争力的重要来源。一线服务员工与顾客之间的情绪互动是服务工作的核心因素，在优质的服务交付中情绪有重要的作用。在现代服务行业中，服务质量难以设立标准来监控终端服务人员的行为，更多需要依靠一线员工自身的基本素质和服务意识来自我控制服务行为。服务企业仅关注高品质服务带来的企业绩效，却忽视了产生高绩效的服务行为，尤其是服务工作中情绪行为发生的内在机制。

高绩效的服务行为，其关键是要形成顾客导向的服务氛围，为员工提供服务所需的知识技能、服务设备和部门间支持，令员工感受到企业对优质服务的奖励和推崇。服务氛围是员工对企业重视服务质量程度的共享感知，其发生机理在于员工对企业服务情境的感知与解释。

本书以服务企业员工为研究对象，探讨服务氛围、组织情境变量与员工情绪劳动之间的关系。组织情境是组织为员工提供优质服务及资源等方面的情境因素的集合，分为整体便利程度、部门间支持两方面；服务氛围选取了员工共享感知的定义，即员工对组织要求、奖励、支持服务工作和服务行为的政策、管理措施和程序的共同看法。员工对服务氛围的共享感知，是通过对组织情境中服务管理职能、政策的体验和对资源的利用形成的，因此组织情境是服务氛围形成的基本前提。服务氛围决定了员工认识组织服务战略的认知地图，也是传递组织奖励和期望的员工服务情感行为的信号之一，员工会依照这种信号选择在工作中如何表达组织期望奖励的行为，包括情绪表达行为，因此服务氛围将对员工的情绪劳动产生影响，员工会按照服务氛围提供的认知地图选择更多地进行表层扮演还是进行深层扮演，或是自主调节。

本书在分析相关文献的基础上，采用问卷调查的方式获取分析数据，利用SPSS 及 AMOS 软件，采用结构方程模型对上述变量之间的关系假设进行检验，关注了个体变量对服务氛围—情绪劳动关系的影响，在分析组织情境、服务氛围对情绪劳动影响的基础上，进一步探讨了个体变量对情绪劳动的影响、服务氛围对组织情境与情绪劳动之间关系的中介效应以及个体变量对服务氛围—情绪劳动关系的调节效应。研究结果发现，组织情境的整体便利程度与服务氛围间存在正向相关，而部门间支持则与服务氛围的关系并不显著。在此基础上，服务氛围与员工的深层扮演和自主调节选择存在显著的正相关，与表层扮演则没有显著关系。

本书从服务氛围角度分析了情绪劳动的前因，关注服务氛围—员工情绪劳动—顾客体验的组织服务交付渠道，从服务的无形性角度将组织行为与顾客体验管理通过氛围—情绪—体验有效联系起来，提出了服务氛围—情绪劳动模型，开创了理解服务交付过程的新视角，丰富了对员工服务交付过程、情绪劳动、服务氛围的阐释。同时还发现了部门间支持在中国情境下的适宜性问题，分析了其对服务氛围的影响与国外研究成果间的差异。

目　录

第1章　绪论 ……………………………………………………………… 1

1.1　选题背景 …………………………………………………………… 1

1.2　研究意义 …………………………………………………………… 3

   1.2.1　理论意义 …………………………………………………… 3

   1.2.2　实践意义 …………………………………………………… 4

1.3　研究方法 …………………………………………………………… 5

   1.3.1　方法论：实证主义 ………………………………………… 5

   1.3.2　研究方式：调查研究 ……………………………………… 6

   1.3.3　具体方法及技术 …………………………………………… 6

1.4　研究内容与本书结构 ……………………………………………… 7

第2章　文献综述 ………………………………………………………… 10

2.1　服务氛围的相关研究 ……………………………………………… 10

   2.1.1　服务氛围的概念与维度 …………………………………… 10

   2.1.2　服务氛围的前因与结果 …………………………………… 13

   2.1.3　服务氛围的调节变量 ……………………………………… 18

   2.1.4　服务氛围的中介变量 ……………………………………… 20

2.2　情绪劳动的相关研究 ……………………………………………… 21

   2.2.1　情绪劳动的概念和特征 …………………………………… 21

   2.2.2　情绪劳动的测量 …………………………………………… 30

   2.2.3　情绪劳动的前因与结果 …………………………………… 31

2.3 服务氛围对情绪劳动影响的研究现状 ·············· 39

第3章 服务氛围对情绪劳动影响研究的理论基础 ·············· 42

3.1 情绪调节论 ·············· 42

3.2 控制论 ·············· 43

3.3 行动论 ·············· 45

3.3.1 不同的工作任务需要的调节水平是不同的 ·············· 46

3.3.2 情绪劳动策略的心理调节水平 ·············· 47

3.4 资源保存论 ·············· 49

第4章 服务氛围对情绪劳动影响的分析框架 ·············· 51

4.1 概念界定 ·············· 51

4.1.1 情绪劳动 ·············· 51

4.1.2 服务氛围 ·············· 52

4.1.3 组织情境 ·············· 53

4.2 组织情境对服务氛围的影响 ·············· 53

4.2.1 整体便利程度与服务氛围 ·············· 54

4.2.2 部门间支持与服务氛围 ·············· 56

4.3 服务氛围对情绪劳动的影响 ·············· 57

4.4 员工个体变量对服务氛围与情绪劳动关系的影响 ·············· 59

4.5 服务氛围、组织情境对情绪劳动的影响 ·············· 61

第5章 研究设计 ·············· 63

5.1 变量定义与测量项目 ·············· 63

5.1.1 组织情境 ·············· 63

5.1.2 服务氛围变量 ·············· 63

5.1.3 情绪劳动变量 ·············· 65

5.2 调查设计 ·············· 66

5.2.1 调查问卷设计 ·············· 66

　　　5.2.2　调查行业选择 ·· 67

　　　5.2.3　问卷的发放、回收 ······································ 68

　　5.3　数据处理方法 ·· 68

第6章　服务氛围对情绪劳动影响分析 ···························· 70

　　6.1　样本统计及信度效度分析 ································ 70

　　　6.1.1　样本分布 ·· 70

　　　6.1.2　各变量的描述性统计分析 ······························ 73

　　　6.1.3　信度效度分析 ·· 77

　　6.2　不同员工的服务氛围感知、组织情境评价和情绪劳动的差异 ······ 80

　　　6.2.1　年龄 ·· 80

　　　6.2.2　性别 ·· 83

　　　6.2.3　文化程度 ·· 84

　　　6.2.4　工作时间 ·· 85

　　　6.2.5　职务 ·· 88

　　　6.2.6　收入水平 ·· 90

　　　6.2.7　部门性别比例 ·· 92

　　　6.2.8　部门规模 ·· 94

　　6.3　组织情境、服务氛围对情绪劳动的影响分析 ················ 98

　　　6.3.1　测量模型分析：验证性因子分析 ······················ 98

　　　6.3.2　理论模型评价：结构方程分析 ························ 99

　　6.4　服务氛围中介效应的检验 ································ 103

　　6.5　个体变量的调节效应分析 ································ 107

第7章　研究结论与启示 ·· 110

　　7.1　研究结论 ·· 110

　　　7.1.1　员工个体差异对组织情境、服务氛围和情绪劳动
　　　　　　均存在影响 ·· 111

　　　7.1.2　组织情境的整体便利程度会增强员工的服务氛围感知 ······ 112

7.1.3 服务氛围的共享感知影响员工的情绪劳动，同时服务
氛围在组织情境与情绪劳动之间发挥中介效应 ············ 113

7.1.4 组织情境、服务氛围影响情绪劳动的调节变量 ············ 117

7.2 对管理实践的启示 ·················· 117

7.2.1 建立良好的组织服务氛围，重视服务的整体便利程度 ····· 118

7.2.2 为员工特别是新员工提供情绪劳动相关的培训 ········· 119

7.2.3 重视情绪劳动，给予正面回馈 ················ 120

7.2.4 创造良好服务氛围，激发员工情绪劳动 ············ 120

7.3 研究局限 ·················· 121

附 录 ·················· 124

参考文献 ·················· 128

第1章 绪 论

1.1 选题背景

当前中国服务业发展迅猛，2017 年服务业对经济增长的贡献率为 58.7%，2018 年我国第一产业、第二产业、第三产业的就业人数比例已上升至 26.1∶27.6∶46.3，服务业税收收入占全部税收收入的 56.1%，工商新登记注册的企业中近 80% 为服务业企业（《光明日报》，2018）。"十三五"时期我国还将大力发展服务业，服务业已经成为新增市场的主体和吸纳就业的主要渠道。对于顾客满意度、服务附加价值等理念的重视使得服务质量成为企业核心竞争力的重要组成因素，顾客导向的服务质量管理被众多企业应用，但是人们只关注了优质服务带来的企业高绩效却忽视了优质服务行为产生高绩效的内在机制。

无形性、易逝性、不可储存性和生产与消费同时性是服务区别于其他产品的特征。服务企业在管理实践中无法制定明确、具体的标准来衡量一线服务员工的服务行为，在服务工作中一线员工要依靠自身素养和意识来进行自我监督。一线员工对顾客的服务交付过程中两者之间的情绪互动是这一过程中的关键内容之一，是影响顾客服务质量评价的核心因素。在服务业中，一线员工与顾客之间的互动是交付顾客价值的重要途径，一线员工对于获取服务竞争优势的重要性毋庸置疑。Schneider（2001）指出，服务企业形成顾客导向的服务氛围是企业重要的管理实践，服务氛围提供了员工完成服务工作需要具备的知识技能、服务支持设备和部门间的内部支持，使员工感知到企业对优质服务的奖励与鼓励。他的实证研究发现服务氛围的权变作用，即只有在企业特定的组织服务情境下服务氛围与顾客满意之间才会显著相关。美国服务营销学家 Leonard L. Berry 等也指出，组织环境会调节员工的工作态度对其服务质量的影响①。

服务氛围是员工对组织重视优质服务的共享感知，其作用机理在于员工对与优质服务相关的组织情境的共享感知，员工如何去感知和理解组织与服务相关的组织情境。美国著名管理学家劳伦斯认为，"一个公司的成功，越来越要靠员工的积极性和创造力，而不是机器的性能，管理人员的重要职责是创造出一种环境，使每一位员工都能发挥其才干"。人本管理思想也为之提供了深刻的理论支持，促使人们从哲学意义上思索组织管理的本质：企业中的人应被视为人本身来看待，而不仅仅将他们看作一种生产要素或资源。人区别于其他生产要素的重要特征在于——人是有情感的。更何况服务过程不仅包括体力劳动和脑力劳动，还包括情绪劳动。

情绪劳动的内涵是员工在工作的过程中不仅要付出体力和精神上的努力还要付出情绪上的努力以换取报酬。情绪是人类心理活动的重要组成部分，是影响人们生活、工作的重要心理因素，关于情绪的研究涉及个人与社会生活的方方面面。但是到 20 世纪 70 年代，人们才关注到组织中的情绪问题。近年来，随着我国服务业的迅速发展和在国民经济中所占比重的提高，服务业员工在工作中的情绪管理受到理论研究人员和实业界的普遍重视，最终提出了情绪劳动（Emotional Labor）的概念。服务工作需要员工在工作过程中有一定的情绪表达（Emotional Display），这种情绪表达行为是为顾客提供满意服务体验的重要途径，是服务工作的重要内容之一。在服务管理实践中，明确具体的服务规范可以约束、规范员工的行为，但是情绪表达行为是对内心情感管理的结果，僵硬的服务规范下的员工统一的情绪表达行为缺乏个性的感染力，常常令顾客感到"很假"，而很难达到企业组织的预期。只有令员工从内心认知到组织对服务质量的重视，管理自己的情感体验，调整自身的情绪表达，才能令顾客获得良好的情绪体验，从而对组织提供的服务感到满意与认可。因此，员工对组织的服务氛围的共享感知对工作中情绪表达的影响不容忽视，不仅会影响员工的情绪劳动，还可能进一步影响顾

---

① 凌茜，汪纯孝等. 公仆型领导、服务氛围与员工集体的情感性归属感对员工的服务质量的影响 [J]. 旅游论坛，2010，3（2）：199 - 207.

客的服务体验，从而影响服务交付及后续的服务质量评价。

本书期望通过探讨组织服务氛围对员工服务交付行为尤其是对交付过程中员工情绪劳动的影响，分析构成组织服务氛围的基础要素、员工服务氛围感知的机制以及服务氛围感知对员工情绪劳动的策略选择的影响。帮助管理者了解组织优质服务交付行为的无形因素的影响及重要作用，为组织的工作设计、人员管理和内部支持等方面提供实践的参考，帮助一线员工和主管营造优质的工作环境、良好的情绪工作体验，提高组织的服务品质。

1.2　研究意义

服务氛围与服务体验、情绪劳动与员工福祉、服务体验及服务绩效的关系研究是管理学、心理学领域近年来重要的研究课题，受到了国内外学者的关注，尤其是情绪劳动的相关研究，服务氛围的研究更多见诸于对服务体验的影响研究，但对服务氛围与情绪劳动，两者关系的研究并不多见，尤其是两者关系的整合性的实证检验。本书将着重研究组织情境影响下服务氛围对员工情绪劳动的影响方向及大小，这无疑对服务氛围与情绪劳动的理论与实践具有重要的参考价值。

1.2.1　理论意义

第一，扩展服务氛围与情绪劳动的研究领域。无论是对服务氛围的研究还是对情绪劳动的已有论述，都没能将两者纳入研究范畴，服务氛围的研究还主要集中于对服务绩效的影响，没有关注到服务交付中人的行为，这方面的研究更是刚刚起步；情绪劳动的研究尽管对前因和结果变量的分析成果众多，一般都集中在员工的工作满意度和个人福祉以及组织绩效的领域，没能关注的氛围这一感知因素对员工情绪的影响。因此，本书的研究这无疑能拓展理论的综合性和深度。

第二，对服务氛围—情绪劳动关系的综合研究，构建了一个新的组织服务交付的研究框架。服务交付过程通常被理解为顾客与服务提供者之间的动态交互过程，不仅包括员工与顾客的互动甚至还包括顾客与顾客间的互动。值得注意的是，这种互动必然包含情绪互动，而情绪互动的产生和变化不仅受到店面环境等有形因素的影响，还会受到组织氛围等无形因素的影响，互动交付服务的无形性决定了氛围对员工的服务行为和顾客的服务体验都会产生重要的影响。因此，为服务氛围—情绪劳动的研究框架提供了一种新的服务交互过程的研究视角，将组织、员工、顾客通过氛围对情绪及行为的影响联系起来，形成一个新的角度。

第三，探讨中国组织情境下国外服务氛围与情绪劳动理论的适应性问题，本书旨在对在西方管理实践基础上建立起来的服务氛围、情绪劳动理论进行本土化的实证检验，探讨服务氛围在中国组织情境下是否具备西方学者研究得出的基础因素及个体特征。在此基础上，进一步探讨其对员工情绪劳动策略选择的影响机制。由于中国特定的经济环境、文化背景以及组织部门的氛围形成机制与西方国家有较大的差别，因此对国外学者研究结论进行本土化研究十分必要。通过文献检索，可以看出情绪劳动、服务氛围的研究在国外权威期刊的实证研究中已经成为热点课题；但在我国的研究中，服务氛围与服务体验关系的研究较多直接应用国外服务氛围概念，没有涉及概念提出时强调的组织情境基础因素；情绪劳动则介绍、分析性文章较多，或者较多集中于分析情绪劳动的影响（个体影响、组织影响），对情绪劳动的前因变量分析较少，服务氛围的前因更是没有涉及。本书拟用实证检验方法探讨服务氛围与情绪劳动之间的关系，借鉴国外已有的研究成果，在此基础上与国外学者的研究结论进行比较，对研究结论的差异进行解释，将情绪劳动的研究视角拓展至服务氛围，深化对于员工服务交付中情绪劳动机制的理解。

1.2.2 实践意义

我国由于传统文化中职业偏见的存在以及服务行业特殊性等原因，一线服务员工的工作强度大、社会偏见多，造成服务行业尤其是一线员工的流失率居高不下，不仅服务企业组织的服务质量存在很大隐患，员工流失也成为困扰服务业人力资源管理、组织稳定性的重要问题。深刻分析服务员工的工作特点、了解情绪劳动的机制、分析服务氛围对情绪劳动产生的影响，从组织的服务氛围、员工的情绪劳动角度有针对性地提出组织工作设计、人力资源管理的政策，对于提高组织服务质量、解决服务企业人力资源流失、保持组织结构稳定等都有重要的意义。

1.3 研究方法

社会科学研究是一种复杂的认知活动。在这种活动中，研究者将面临一系列问题，并要求作出抉择。社会研究的方法体系可以划分为三个不同层次或部分，即方法论、研究方式、具体方法及技术。遵循这一逻辑，同时结合本书研究对象的实际以及本书的研究目标，对本书的研究方法体系阐述如下。

1.3.1 方法论：实证主义

社会研究的方法论（Methodology）指社会研究过程的逻辑和研究的哲学基础。在社会研究中主要有两种基本的、相互对立的方法论倾向：一种是实证主义方法论，实证主义是指强调感觉经验、排斥形而上学传统的西方哲学派别，又称实证哲学。实证主义的基本特征：将哲学的任务归结为现象研究，以现象论观点为出发点，拒绝通过理性把握感觉材料，认为通过对现象的归纳就可以得到科学定律。它把处理哲学与科学的关系作为其理论的中心问题，并力图将哲学融于科学之中。其中心论点是：事实必须是透过观察或感觉经验，去认识每个人身处的客观环境和外在事物。社会研究应该向自然科学研究看齐，通过具体、客观的观察，通过观察或感觉经验概括得出结论。同时，这种研究过程还应该是可以重复的。另一种是人文主义方法论，以人尤其是以个人的兴趣、价值观和尊严作为出发点，即认为研究社会现象和人们的社会行为时，需要充分考虑到人的特殊性，考虑到社会现象与自然现象之间的差别，要发挥研究者在研究过程中的主观性。人文主义具有以下特点：首先，集中焦点在人的身上，从经验开始。与其不同，神学观点把人看成神的秩序的一部分，科学观点把人看成自然秩序的一部分，两者都不是以人为中心的。其次，它始终对思想十分重视，它一方面认为，思想不能孤立于它们的社会和历史背景来形成和加以理解，另一方面也不能把它们简单地归结为替个人经济利益或阶级利益或性的方面或其他方面的本能冲动作辩解。

本书主要采用实证主义的方法论，旨在研究服务员工的情绪劳动行为及其服务氛围影响因素。对研究现象作出系统的、可控制的、可验证的科学研究并发展相关理论是行为科学的研究目的，因此本书选择客观的实证主义研究方法。

1.3.2　研究方式：调查研究

所谓研究方式是指研究的具体类型或者采取的具体研究形式。人力资源管理研究中的研究方法主要有调查研究、实验研究、无干扰研究以及评估研究等。基于本书的研究问题即服务氛围与情绪劳动的性质及特点，本书采用问卷调查的定量研究，主要采用自填式问卷的调查方式，直接从沈阳地区服务行业选择的抽样企业一线服务员工中获取资料，对获取的数据进行统计、实证分析，对反映服务组织中服务氛围与员工情绪劳动的关系现象、规律进行分析，研究其特点，解释服务氛围影响情绪劳动的内在机制。

1.3.3　具体方法及技术

在问卷调查研究中，本书采取的具体方法与技术包括以下几个方面：

（1）调查问卷设计。采用国外服务氛围、情绪劳动相关研究中被广泛应用的成熟量表，设计调查问卷。首先，邀请英语专业人员将英文量表翻译为中文，再由企业管理研究人员和实业界人士对量表进行调整修正；在此过程中根据 Podsakoff 和 Organ（1986）的建议，尽量避免同源方差（Common Method Variance）。

（2）问卷预测。经专业人员修正后的问卷初稿，在抽样服务企业的协助下，选取 30 名人员进行预测，并通过面对面访谈、信度效度检验、因子分析等对调查问卷和概念模型进行修改。

（3）正式调查。运用便利抽样与滚雪球抽样（Snowball）的方法，进行大样本问卷调查（现场抽样、E - mail）。

（4）统计结果的初步分析。采用描述性统计分析、信度效度检验、独立样本 T 检验、方差分析等对调查问卷所得数据进行初步的统计分析，描述样本的特征及分布，描述变量的统计特征，人口统计特征与变量的差异性分析等。

（5）概念模型和假设检验。运用 AMOS 软件进行结构方程模型拟合检验。对提出的假设通过结构方程拟合优度和路径系数进行检验，得出概念模型，并在理论分析的基础上进行中介效应和调节效应检验。

1.4 研究内容与本书结构

本书选取沈阳地区 10 余家服务企业进行抽样调查获取数据，旨在探讨服务企业中服务氛围与员工情绪劳动之间的关系。如图 1 - 1 所示。

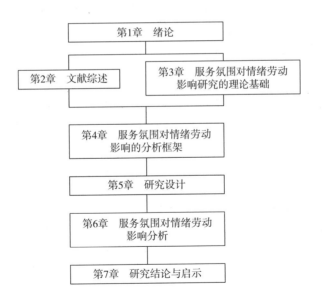

图 1 - 1 本书结构安排

第一部分，问题的提出。明确本书的研究背景与研究意义，提出本书的研究视角与方法及创新之处，在此基础上对相关领域的研究成果进行综述分析，提出目前研究中存在的问题及值得进一步研究的领域，具体包括：第 1 章，绪论。提出本书的研究背景与研究意义，介绍研究内容与方法，选择分析视角，提出技术路线以及可能的创新之处。第 2 章，文献综述。主要从服务氛围与情绪劳动两方面分析国内外学者的研究现状及已有研究成果，提出相关领域的主要观点，分析服务氛围与情绪劳动关系研究的现状与进展，提出目前存在的问题，以及尚未取得进展的领域，在上述分析基础上形成本书的出发点。

第二部分，概念模型的构建。明确本书涉及的关键概念，在理论分析的基础上提出相关假设，构建概念模型。主要包括：第 3 章，服务氛围对情绪劳动影响研究的理论基础，对服务企业员工情绪劳动的机制的不同理论观点进行梳理，作为进一步分析服务氛围影响情绪劳动分析的基础。第 4 章，服务氛围对情绪劳动影响的分析框架。明确本书涉及的主要概念，对组织情境与服务氛围、服务氛围与情绪劳动之间的关系，在文献综述和理论分析的基础上提出相应的假设。第 5 章，研究设计。明确研究变量的选择、变量测量量表的选取依据、条目的确定，以及调查问卷的设计方法、设计过程，发放以及回收过程。最后明确本研究数据处理的方法与过程。

第三部分，模型检验。以大样本数据为基础对假设进行实证检验，对文章所提出的概念模型予以验证。主要包括第 6 章，服务氛围对情绪劳动影响分析。首先进行描述性统计分析，对样本分布、被调查样本所在组织的组织情境、服务氛围和情绪劳动的情况进行统计分析；对样本在各变量的差异性等进行独立样本 T 检验和方差分析；对调查问卷的信度和效度进行分析。其次对概念模型进行结构方程分析。通过验证性因子分析对量表的适应性进行检验，然后通过结构方程分析对理论模型进行适配性检验。最后对服务氛围的中介效应和个体变量的调节效应进行检验。

第四部分，结论及研究存在的不足。对研究结论进行总结，说明其理论价值及对管理实践的启示，提出本书的研究局限，说明未来研究可能开展的方向。主要包括第 7 章，研究结论与启示，总结本书的主要创新，提出研究限制与研究局限，为今后的相关研究提供参考。

如前所述，本书是以沈阳地区服务业员工为研究对象，探讨组织服务氛围与情绪劳动之间的相互关系，分析不同人口特征的对服务氛围与情绪劳动关系的影响程度，以此来为服务组织形成良好的服务氛围，提高员工情绪劳动效果提供实质性建议。为实现上述研究目的，本书采用理论分析与实证分析相结合的研究方法。首先对服务氛围、情绪劳动方面的相关理论、研究文献进行梳理，明确核心概念，提出服务氛围与情绪劳动关系的相关假设，构建概念模型。在已有研究成果的基础上，结合本书的研究目的和沈阳地区服务企业的特点，并对部分企业选取员工进行深度访谈，设计整理调查问卷。在小范围进行预测修正调查问卷后，形成正式问卷。通过选择抽样的方式，委托选取企业现场方式发放调查问卷。获取数据后利用 SPSS 软件和 AMOS 软件进行统计分析和结构方程分析，总结研究结论与研究局限，提出研究对管理实践的启示，并指出未来研究的方向。

第 2 章　文献综述

2.1　服务氛围的相关研究

2.1.1　服务氛围的概念与维度

目前通用的服务氛围的概念起源于 Lewin 在 1939 年对社会氛围（Social Cli-mate）的研究成果，认为人的整体知觉受认知因素的影响①。个体对个体体验和社会环境中观察到的行为的整体认知构成了组织氛围（Lewin、Lippitt 和 White，1939；Schneider、Ehrhart 和 Macey，2011）。

随着组织氛围研究的深入，学者们认识到氛围应该具有战略的焦点——如安全氛围（Zohar，2000）、服务氛围（Schneider、Parkington 和 Buxton，1980）。Schneider 等（1998）就服务氛围进行了大量的研究，于 1998 年最先对服务氛围进行了定义：服务氛围指员工对组织要求、奖励、支持服务工作和服务行为的政策、管理措施和程序的共同看法（Schneider、White 和 Paul，1998）。Schneider 的定义强调服务氛围反映了组织对优质服务的支持和奖励程度，可以被视为一种组织所有成员对与服务相关的组织情境的感知（Schnei-der，1992）。Lytle（1998）则认为，服务氛围是指组织为员工出色完成服务所

---

① 范丽群，石金涛等. 国外组织气氛研究综述. ［J］. 华东经济管理，2006，20（1）：100－103.

提供支持的组织政策和行为惯例。因此，服务氛围在概念界定上有两种不同的观点（张若勇，2008）：一种观点认为服务氛围是个体心理层面的感知，是个体对于组织重视优质服务的程度的共享感知和评价。另一种观点则从组织层面上定义服务氛围，认为服务氛围是经过组织活动过程而形成的一种组织情景或内部环境，是组织区别于其他组织所具有的组织政策和惯例的集合，独立于个体的主观感知而存在。Lytle 等（1998）认为，对于致力于向顾客创造与提供优质服务的组织而言，成功的关键是组织内部对技术的运用以及以技术为基础的服务体系。

Schneider（1998）对于服务氛围的界定非常的宽泛，指出如果一个概念是描述性并且内容上强调对组织服务的重视，那么即是服务氛围。服务氛围的相关概念包括工作满意、组织文化、组织氛围、组织服务质量、个体服务导向、组织服务导向等。但服务氛围与上述概念之间存在明显的差别，例如，氛围的概念是泛指的氛围还是特指服务的氛围、是评价性概念还是描述性概念、是个体层面的氛围还是群体或集体层面的氛围。服务氛围是特指服务的、描述性的集体氛围。而工作满意是通用的、评价性的个体概念，组织文化和组织氛围是通用型的概念，组织服务量表（SERVOR）（Lytle、Hom 和 Mokwa，1998）是描述性的集体概念。个体服务导向是个体概念，不涉及评价内容，而顾客服务导向则关注评价内容，是一个集体概念，是服务氛围的另外一种形式（Ployhart、Weekley 和 Ramsey，2009）。

服务氛围作为组织氛围的一种（Schneider、Gunnarson 和 Jolly，1994），区别组织中的其他方面具有关注焦点的氛围，如创新氛围（Anderson 和 West，1998）、安全氛围（Hofmann 和 Stetzer，1996）等。但是，无论是服务氛围、安全氛围还是创新氛围都是组织氛围的一个分支，都具有组织氛围的特性。Schneider（1990）指出，组织氛围是组织内部成员对组织政策、程序以及管理实践的共享感知，强调从员工感知的视角理解组织氛围，氛围决定了组织中的个体行为被组织影响的机制，如何被影响，个体对于自身所处的环境的某方面，如安全、创新、服务的特点如何思考和感觉。从某种程度上组织氛围的这一概念与组织文化容易混淆，文化是从整体视角高度概括的一个概念：一种信仰、表达符号和价值观的参考框架，而个人通过这种框架来定义自己所处的环境、表达自己的感觉和做出判断。组织氛围是组织文化量化的结果，可以被视作一系列可以被员工直接或间接感知到的工作环境属性，是影响员工行为的主要因素之一（约翰·M.伊万切维奇和罗伯特·康诺帕斯基等，2006）。组织文化是社会体系、工作单位或一个部门作用的结果（Glission 和 James，2002），组织氛围则是组织中的员工个体所感知到的组织内部规章、政策、行为惯例的集合，这些组织政策、规章和行为惯例都是为组织所强调、支持以及鼓励的。因此，可以说组织氛围是组织文化量化的过程。

服务氛围可以从服务氛围水平和服务氛围强度两个方面衡量：

服务氛围水平也被称作服务氛围的积极性，是员工感知到的组织鼓励的服务职能与内容。目前被广泛采用的 Schneider、White 和 Paul（1998）的服务氛围量表（Chuang 和 Liao，2010；de Jong、Ruyter 和 Lemmink，2004；Dietz、Pugh 和 Wiley，2004；Schneider 等，2009b），应用该量表对员工的研究显示：①群体研究对服务氛围有重要作用。②受访者普遍认同服务氛围的重要性（Schneider 和 White，2004）。而其他的服务氛围研究方法（Borucki 和 Burke，1999；Gebauer、Edvardsson 和 Bjurklo，2010a；Johnson，1996）也显示服务氛围与顾客服务体验感知（如服务质量、满意和忠诚）有密切的关系。因此，Schneider 基于上述原因将顾客服务体验感知称作顾客体验（Customer Experience）（Dean，2004；Schneider 和 White，2004；Yagil，2008）。

服务氛围的另外一个维度是服务氛围强度。服务氛围是员工集体共享的一种感知，"服务氛围影响了员工对顾客服务重要性的理解"当企业有较高的服务氛围时，员工将感受到如果自己给顾客提供了优越的服务，将会得到企业的支持与鼓励；当有较低的服务氛围时，员工将认为即使自己提供了卓越的服务，也不会得到企业的支持（Liao 和 chuang，2004）。在强度高的服务氛围下，员工对服务氛围的内容有着共同的认识，员工氛围属性认知的差异表示一个组织的服务氛围强度。服务氛围强度调节服务氛围水平与顾客体验之间的关系（Schneider、Salvaggio 和 Subirats，2002）。高水平的服务氛围与顾客体验显著相关，当服务氛围强度越高，即员工的氛围认知越小时，服务氛围与顾客体验的相关程度越高。

2.1.2　服务氛围的前因与结果

2.1.2.1　服务氛围的前因

服务氛围的前因后果变量之间（两变量之间或多变量之间）的关系都被学者验证过（Schneider，2013）。服务氛围的前因包括人力资源管理、领导和其他因素（如运营、市场营销、IT 管理），以及员工的工作参与。这些因素会在组织中创造积极的、强烈的服务氛围，这一氛围产生的顾客服务行为会带来积极的顾客体验（服务质量、顾客满意、顾客忠诚），从而产生财务收益（收入、市场价值的增加）（Lovelock 和 Wirtz，2004）。如图 2-1 所示。

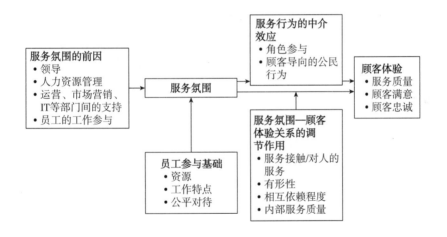

图 2-1　服务氛围的前因与结果

（1）员工参与。员工参与指对工作和工作环境充满活力、奉献精神和专注，为公司利益表现出精力充沛的工作行为（Albrecht，2010）。这种精力充沛的工作行为与工作满意比较，后者意味着更多的满意和舒适，两者在概念和实证上均不相同（Christian、Garza 和 Slaughter，2011）。

员工参与取决于下列投入：工作支持和工作便利（Schaufeli 和 Bakker，2004）、工作的挑战性和参与性（Coelho 和 Augusto，2010；Kahn 2010）、员工公平和信任体验（Li 和 Cropanzano，2009）。在服务设置方面，Bowen、Gilliland 和 Folger（1999）指出当员工感到被公平对待时，对组织的情感承诺会更多，会付出额外的努力去充满良知和利他地对待顾客，相应地，顾客会感到良好的服务公平（Masterson，2001；Maxham 和 Netemeyer，2003；Maxham、Netemeyer 和 Lichtenstein，2008；Yagil，2008）。Brodie 等（2011）的研究发现，员工参与与顾客参与之间存在直接关系。

（2）服务氛围的领导前因：不同领导行为对服务氛围的影响。服务氛围在服务交付管理的支持下形成（Borucki 和 Burke，1999；Salanova 等，2005；Schneider 和 Bowen，1985；Schneider、Paul 和 White，1998）。支持的重要来源之一是领导者，他们在向员工传达服务承诺和保证员工服务交付质量方面起着关键作用（Salvaggio 等，2007）。

正如 Kozlowski 和 Doherty（1989）所述，"员工的直接主管是最显著、有形的管理行动、管理政策和程序的代表。因此与主管的互动是下属过滤氛围信息的关键，构成了员工对氛围感知的基础"。

组织领导行为的不同类型都会对服务氛围产生影响，包括常规型积极领导行为与服务导向领导行为，前者又进一步分为有效型领导行为、基础型领导行为和变革型领导行为；后者分为正式领导和非正式领导。Hui 等（2007）发现，有效型领导（Effective Leadership）可以加强员工的积极行为，如卓越的服务绩效；Liao 和 Chuang（2007）则发现，变革型领导（Transformational Leadership）有助于较好的服务氛围；Hur、van den Berg 和 Wilderom（2011）发现，在团队层面变革型领导与服务氛围积极相关。Salvaggio 等（2007）、Schneider 等（2005）发现，基础型领导持续管理和无尽细节会创造积极的和强烈的服务氛围。Lam 和 Schaubroeck（2000）指出，领导对服务氛围的影响不仅局限于正式的领导。非正式的领导，如银行的舆情领导（随机选拔的出纳员），通过提高服务质量可以显著改善组织其他成员工作的有效性，无论是从员工角度还是从顾客角度对有效性进行统计结论都成立。

总之，领导行为是创造与保持服务分外关键。领导对日常平凡任务的承诺关注与服务愿景、激励同样有效（Schneider，2013）。

（3）组织氛围的人力资源管理前因：不同人力资源管理对服务氛围的影响

绩效导向的人力资源管理。

同领导行为一样，不同类型的人力资源管理措施影响服务氛围的机制也有所不同，具体可以分为绩效导向的人力资源管理和服务导向的人力资源管理。绩效导向的人力资源管理旨在提高员工的综合能力、积极性和授权的制度设计，是人力资源战略研究关注的焦点（Combs、Liu、Hall 和 Ketchen，2006；Delery 和 Shaw，2001）。这些制度力图将权力从高层管理者转向员工，鼓励员工增强他们的总体绩效，最终转化为公司绩效，如公司利润和股东价值最大化（Dyer 和 Reeves，1995）。绩效导向的人力资源管理虽然不强调服务质量导向，但会通过将员工对绩效的期望将绩效与服务氛围联系在一起（Huselid，1995；Seibert、Silver 和 Randolph，2004；de Jong 等，2004；de Jong、de Ruyter 和 Lemmink，2005）。

尽管两种人力资源管理制度都对服务氛围有影响，但服务导向的人力资源管理制度与服务氛围有更积极的联系。它增强了员工的能力、动机和表现的机会（Huselid，1995）。服务导向的人力资源管理提高了员工的服务绩效，传达了对员工和顾客的关注，而这正是服务氛围概念的主旨（Borucki 和 Burke，1999；Chuang 和 Liao，2010）。

（4）组织能力以及运营、营销和 IT 等方面的系统支持。人力资源管理等组织职能形成了组织的能力（Ployhart、VanIddekinge 和 MacKenzie，2011），即服务能力。员工甄选与培训形成了员工集体的个性与能力属性，是构成服务氛围的重要因素。

服务氛围包含大量相互联系的组成部分，如人力资源管理、领导、组织的环境、其他员工等（Cooil 等，2009）。服务人员从各职能部门（如 IT、人力资源管理）接受的内部服务的服务质量直接影响其服务氛围感知（Schneider，1998），同时还会影响服务氛围与顾客体验之间的关系（Ehrhart 等，2011）。总之，一线服务员工体验的系统支持与服务氛围感知之间存在联系。

与服务氛围相关的组织情境由 Schneider（1998）提出，他指出服务氛围基础（Foundation Issues）是服务氛围产生的基础条件，是组织为员工有效完成服务工作在资源、培训、管理、辅助措施等方面组成的情境因素，具体分为两个方面：一是部门间支持（Interdepartment Service）（Grtinroos，1990；Reynoso 和

Moores, 1995），是员工从组织内部其他部门获得的服务质量；二是工作的整体便利程度（General Conditions that Facilitate Work），包括组织消除工作障碍的努力（Burke、Rapinski、Dunlap 和 Davison, 1996; Schoorman 和 Schneider, 1988）、领导行为（Schneider 和 Bowen, 1985）、人力资源管理措施（Schneider 和 Bowen, 1993），是服务氛围产生的必要条件[①]。

Schneider（1990）对服务氛围的定义指出了服务员工认知组织服务氛围的方式，即员工对组织氛围的宏观认知由大量的对组织实践的微观认知合成（Dietz 等, 2004）。因此，服务氛围对于顾客服务的战略关注，必然将员工对组织推崇的事件、流程和实践的认识与顾客服务联系起来。员工会注意组织对顾客服务的关注，了解组织对员工服务行为的奖励和支持（Schneider, 1990; Schneider、White 和 Paul, 1998）。因此，服务氛围对服务质量的战略关注会直接影响服务产出。

2.1.2.2 服务氛围的结果

（1）顾客体验。顾客体验是 Schneider（2012）整合服务氛围对顾客服务质量、顾客满意、顾客忠诚等方面顾客影响的概念。目前，以往服务氛围对顾客的影响的研究主要集中于顾客服务质量评价（Schneider 和 Bowen, 1985）、顾客满意（Schneider 等, 1996），顾客忠诚（Salanova、Agut 和 Peiro, 2005）以及同时关注三者（Liao 和 Chuang, 2004）。Verhoef 等（2009）研究发现上述概念与服务质量—顾客满意—顾客忠诚因果流（Causal Stream）之间有持续的重要的关系。很多所谓"关系研究"（Linkage Research）（Pugh、Dietz、Wiley 和 Brooks, 2002; Wiley, 1996）发现服务氛围与顾客体验之间存在联系，很多综述文章中指出了这种关系的强烈程度和持续性（Bowen 和 Pugh, 2009; Brown 和 Lam, 2008; Dean, 2004; Hong 等, 2013; Schneider 和 White, 2004; Yagil, 2008）。

（2）员工工作满意度与公民行为。服务氛围明确了集体环境中鼓励与褒奖的态度和行为，员工的态度与行为会跟随对服务氛围的共享感知。集体环境中员

---

① Schneider, Benjamin, Susan S. White and Michelle C. Paul. Linking Service Climate and Customer Perceptions of Service Quality: Test of a Causal Model [J]. Journal of Applied Psychology, 1998, 83 (2): 150 – 163.

工展现的共同态度和行为会塑造团队中互动的常规模式（Schulte、Ostroff、Shmulyian 和 Kinicki，2009）。

组织对服务的高度评价与预期鼓励员工承担起他们工作的意义，因此他们会更加享受自己的工作。当员工被吸引、选中或选择留在积极服务氛围的集体环境中（Schneider、Smith 和 Goldstein，2000），他们会更加认同组织的价值并对组织做出承诺（Lenka、Suar 和 Mohapatra，2010）。因此，服务氛围对员工的工作满意度即"工作或工作评价引起的愉悦积极的情绪状态"有积极的影响（Locke，1976）。

服务氛围强度大的组织内部，员工了解被期望与被要求的行为，会根据不同的情境做出相应的有利于组织有效性的反应行为，即员工提供了优质的服务，因此服务氛围也会导致员工的优质的服务绩效。服务氛围的强度还有利于员工的组织公民行为（Organizational Citizenship Behavior），即员工自由支配的而不是正式奖励系统直接或明确认可的、整体促进组织有效运行的行为。积极的服务氛围向员工传递的信息是良好的顾客服务比任务行为有更多的要求，如在工作职责外的志愿帮助行为（Chuang 和 Liao，2010）；而服务氛围还会影响集体绩效，如团队的员工满意度、情感、停留意愿（Schulte 等，2009）、任务绩效和组织公民行为（Way、Sturman 和 Raab，2010）等。

（3）财务绩效。服务利润链理论指出顾客满意会带来组织财务绩效的提高（詹姆斯·赫斯克特，2001）。顾客关系经济学研究认为顾客认知（如服务质量、满意度）向顾客行动（如停留、购买数量）的转化过程直接为服务组织带来利润，其前提是顾客满意是顾客关系强度和持久性的前因，在其他因素相同的情况下，保持现有顾客比获取一个新顾客的成本低得多从而收益则更大，满意的顾客购买行为更多（Gelade 和 Young，2005），而且保留比率和再次购买比率较高（Towler、Lezotte 和 Burke，2011）。Tsai 和 Huang（2002）发现，顾客在店内的积极情绪和友好感知决定了他们在店内的停留时间、再次光顾和推荐意愿；顾客良好的服务体验和满意度可以创造较高的销售量（Ahearne、Mathieu 和 Rapp，2005；Schneider 等，2005）。Schneider 等（2009）通过分析财富 200 强服务公司的美国顾客满意度（ACSI）发现，ACSI 与公司的托宾 Q 显著相关。正如 Liao 和 Subramony（2008）指出的，对于一个中等规模的公司，ACSI 增加 1% 可以导致投资收益增加 11.4%、股东收益增加 65400 万美元、经营性现金流净增加 5500 万美元。

2.1.3 服务氛围的调节变量

研究者发现许多变量对服务氛围有调节作用，包括服务接触、服务无形性、部门间支持、服务类型等。这一研究主要是在早年界定区别服务与产品的差异特性的基础上产生的（Lovelock 和 Wirtz，2004）。

（1）服务接触。众多学者发现，员工与顾客的服务接触对服务氛围具有调节作用，如服务接触的频率、性质等。Hong 等（2013）提出，顾客接触形式对服务氛围影响的差异对人服务（Personal Services）（直接面对顾客，如在银行提供服务）和对物服务（Nonpersonal Services）（对个人财产而不是直接面对顾客，如自动汽车修理）相比，个人服务的影响更大。Ehrhar 和 Schneider（2009），Dietz、Pugh 和 Wiley（2004）发现，在高顾客接触条件下，服务氛围与顾客体验的关系更加密切。Dietz、Pugh 和 Wiley（2004）指出，顾客自我报告的银行光顾频率是一个重要的调节变量；而 Mayer、Ehrhart 和 Schneider（2009）则发现，顾客接触水平在超市不同部门之间存在差异（如在面包店、药房和食品部门）。

（2）部门间支持。Gittell（2002）提出，服务氛围是一种提供合作所需条件的机制（如在医疗团队），高相互依赖性导致服务氛围与顾客体验之间更密切的联系。Mayer、Ehrhart 和 Schneider（2009）的研究也证明了这一点。另外，在自我管理的团队中，相互依赖性表现得更加明显。DeJong、Ruyter 和 Lemmink（2004）发现，自我管理团队的非常规服务的服务氛围对服务质量有很大的影响。

Ehrhart 等（2011）的研究发现，来自企业职能的内部服务质量的高低对部门服务氛围和顾客体验之间的关系有调节作用。因此，企业内部服务的质量为员工完成部门服务氛围倡导的行为提供了支持。

（3）服务类型（Service Type）。Lovelock（1983）将服务分为对人服务和对物服务。对人服务是指服务对象是人，直接面对顾客；对物服务是指服务面对的对象是个人的财产，如自动修理。Brown 和 Lam（2008）指出，对人服务时员工满意度与服务质量、顾客满意度的相关程度比对物服务更高。因为在对人服务中服务提供者（如员工）和顾客之间的互动更为密切，因此员工有更多的机会表达他们的态度；同样，顾客也可以更精准地评价整个服务的交付过程。

服务的其他分类方法，如 DeJong 等（2004）区别了常规服务和非常规服务，他发现在非常规服务下，服务氛围对自我管理团队的顾客感知服务质量的影响更高。与对人服务一样，非常规服务要求员工与顾客之间有更多的互动以解决各种特殊的问题，这使顾客有更多机会去感知服务氛围传达的信息。Diezt 等（2004）和 Mayer 等（2009）发现顾客接触频率调节服务氛围与顾客满意之间的关系，服务接触越频繁，关系越强烈。因为顾客越频繁地参与服务互动越有可能被服务氛围带来的员工的积极行为影响。综上所述，相关研究得出的一般结论是服务类型是对人服务、非常规服务和频繁接触的服务、服务提供者与顾客之间互动广泛，都会增强服务氛围与顾客产出之间关系。

（4）服务氛围的层次。服务氛围可以从两个层面界定：部门/团队层面的服务氛围与支行/门店层面的服务氛围，支行/门店包括多个部门/团队（Chan，1998）。服务氛围由研究层次引起的差别既有概念原因也有统计原因：首先，参照转移模式（Referent Shift Model）从概念角度解释了服务氛围在不同层次差别的形成。该模型认为不同层次的员工对组织期望的服务行为的感知存在差异：分行/门店层次的员工很容易把握分行/门店或者更高层级组织设计的服务支持鼓励政策与职能，更容易形成与这些政策职能一致的共享认知，即这一层次的服务氛围与组织的要求与期望是一致的；但在部门/团队层面，与服务氛围形成更为密切关系的可能是员工对主管的服务政策执行的感知和团队成员的实际服务交付过程。团队层面的服务氛围很可能与门店层面出现差异，团队的服务氛围更接近员工的共享感知。因此，服务氛围感知在不同层次存在着差异，服务氛围的研究层次成为服务氛围的调节变量。

其次，统计原因也造成不同层次的服务氛围影响的差异。组织中一线服务员工直接影响顾客的态度，低层次的服务氛围减小了一线员工之间的"心理距离"，因此为一线员工创造更好的效能（Dietz 等，2004），从而与服务产出更为密切的关系。但有些学者持相反的观点：从直接一致模式（Direct Consensus Composition Model）（Chan，1998）来看，高层次的服务氛围就是低层次服务氛围的总和，团队/部门层面员工服务氛围（共享认知）加总形成门店层次的服务氛围，并与高层次的组织产出相关。当然这种加总平均是有一定的前提的（如个体之间有内部一致性）。在这一过程中从测量误差来看，低水平的随机误差（如个体对组织意图的偏差）被平均，因此降低了高水平的误差方差（Ostroff、Kinick 和 Clark，2002）。所以，高层次服务氛围对产出的影响比低层次服务氛围更大，即服务氛围的分析层次能调节服务氛围与结果变量之间的关系。

另外，研究者发现服务氛围的测量方法和服务效果的评价指标的差异造成有关服务氛围影响的研究结果之间存在差异。按照服务氛围的定义，它反映的是员工对组织期望的认知（Schneider、Whit 和 Paul，1998），因此测量通常都在员工方面进行，但是服务产出如服务绩效和顾客满意是从主管、顾客方面调查，调查群体不一致造成了调查概念之间的关系不十分强烈。同样，服务氛围研究在测量方法上存在分歧，测量方法可能会影响研究关系的强度。因为不同的项目特点会导致测量指标在结构效度上存在差异（Podsakoff、MacKenzie、Lee 和 Podsakoff，2003）。

2.1.4　服务氛围的中介变量

服务氛围不能直接激发顾客体验的兴趣，而是通过员工服务导向行为的中介产生顾客体验。Liao 和 Chuang（2004）发现商店的服务氛围与员工角色参与、服务绩效正相关（如发现顾客需求、解释服务的特点和收益）。同样，Borucki 和 Burke（1999）发现服务氛围与顾客服务绩效有关，在此基础上 Bettencourt 和同事进行了关注顾客的组织公民行为的研究（Bettencourt 和 Brown1997；Bettencourt、Gwinner 和 Meuter2001）。Schneider 等（2005）对 56 个超市部门进行的研究发现服务氛围与服务体验间通过关注顾客的组织公民行为显著相关。Podsakoff 等（2009）对关注顾客的组织公民行为与顾客体验之间关系的研究结果进行了荟萃分析（Meta – analysis）。

总体而言，服务氛围不对顾客体验产生直接影响，但是通过员工行为，尤其是通过关注顾客的组织公民行为影响顾客体验。关注顾客的组织公民行为与一般的组织公民行为不同，是指产生顾客服务体验的组织公民行为（Chuang 和 Liao，2010；Macey 和 Schneider，2005）。Salanova、Agut 和 Peiro（2005）以服务氛围为中介变量，将员工参与、员工服务行为和顾客体验联系起来，对 114 个酒店服务团队进行了研究，发现了服务氛围中员工参与同顾客忠诚之间的关系。

2.2　情绪劳动的相关研究

2.2.1　情绪劳动的概念和特征

不同学者出于自身的研究目的对情绪劳动进行了不同角度的定义，其中具有代表性的是 Hochschild、Ashfortht 和 Humphrey、Morris 和 Feldman 的定义[①]。

2.2.1.1　Hochschild 的定义

情绪劳动的开创性研究始于美国社会学家 Hochschild（1983），她在对 Delta 航空公司的空服人员的研究中发现，空服人员与顾客交往时，他们的工作并不是大众普遍认为的一些简单行为，如"不能让咖啡溅出杯子"或"在紧急情形下迅速安全地行动起来"，而是包含了更多的内容，不仅包括生理还包括情绪方面的要求，尤其是后者。空服人员在满足乘客的各种需要的同时必须时刻关注乘客和她们自身的情绪问题。因此，1983 年 Hochschild 在其发表的《情绪管理的探索》一书中正式提出了情绪劳动（Emotional Labor）的概念，指出与体力劳动和脑力劳动一样，情绪劳动是员工通过管理自己的情感来建立公众可见的表情或身体方面的展示，以此来获取报酬的一种劳动方式。

Hochschild（1983）认为，情绪劳动的实质是员工与顾客实践的社会互动过程，在与顾客的面对面、声音对声音的相互交往中，员工要按照企业组织的要求管理自己的情绪，表现出符合组织要求的情绪，或者说表现出符合组织情绪表达规则的情绪表达：例如，即使面对傲慢无礼的乘客航空公司仍然要求空服人员必

---

① 李进. 情绪劳动的概念模型及其内在机制评述［J］. 商业时代，2009（9）：32 - 33.

须表示友好、护士与教师对病人或学生也必须表示同情、银行职员在面对顾客时必须保持良好的情绪状态才能获取顾客的信任、商场的销售人员必须保持微笑面对顾客。

Goffman（1959）的戏剧理论认为现实中人与人之间的社会交往，人们都倾向于扮演某种角色①，以期望给周围的人留下某种印象，而留下这种印象需要遵循一定的规则，表现出恰当的情绪。Hochschild（1983）将 Goffman 的这一理论应用于组织中的员工与顾客之间的社会互动：顾客是观众、员工是演员，而工作是舞台。从这个角度来看，员工在工作中会进行印象管理，进行表达上的设计以实现组织的目标。也就是说，管理情绪是实现组织目标的途径之一。为了实现目标会进行表达上的设计，因此工作中就包括了服务员工的印象管理过程。如果员工对顾客表现出沮丧或愤怒的情绪，组织绩效就会毁于一旦。因此，她借用戏剧表演中演员控制情绪的两种方式：表层扮演和深层扮演，来定义空服人员管理自身情绪的方式。所谓表层扮演是指员工对自己的情绪表达（Emotion Display）做出调节，以符合组织的情绪表达要求；深层扮演是指员工对自身的情绪体验进行调节，以使真实的情绪体验与组织期望的情绪表达一致，从而达到表达组织要求的情绪的目的。后来的许多量化研究对情绪劳动策略的界定都是基于这个二维模型开展的。

此后，她又对其情绪劳动概念的内涵进行了拓展，指出情绪劳动是个体针对组织的情绪表达要求对内部情绪体验和外在的情绪表达进行的伪装和管理的过程，从而达到获取报酬、为企业赢得绩效的行为过程。因此，情绪劳动的对象不仅限于企业组织的外部顾客，还包括组织的内部顾客，如同事、领导，甚至自己。不论任何行业、层级、职务，工作只要涉及人际互动过程，员工可能就需要进行情绪劳动。按照 Hochschild 的观点，情绪劳动是情绪商品化的过程，她用马克思的异化理论解释了这一过程：在人类由产品导向的社会进入服务导向的社会的过程中，个体的情绪开始与自我分离，被组织或公司当作一种商品加以利用，个体开始被异化。

此外，Hochschild（1983）还指出了情绪劳动发生的三个条件：第一，员工

---

① 王雪婧. 服务企业一线员工情感劳动的管理 ［D］. 吉林大学硕士学位论文，2005.

与顾客的互动必须是面对面或者声音对声音的。第二，互动的目的是使顾客产生某种情绪反应或者处于某种情绪状态。第三，情绪表达需要遵循一定的表达规则。情绪劳动的作用是多方面的，一方面情绪劳动可能是服务企业和员工专业性的体现；另一方面，由于情绪劳动时员工要投入心理资源，长期从事情绪劳动的个体可能会导致情绪枯竭或情绪失调。

Hochschild（1983）提出了三种情绪劳动策略：① ①表层扮演（Surface Acting）。当个体感知自己的情绪体验与组织要求表达的情绪不一致时，员工只需改变外在可见的情绪表达，而并不对内心真实的情绪体验进行调整，内心的情绪没有改变，也就是只关注外部行为，是一种假装的、虚伪的、情绪表现/表达。②主动深层扮演（Active Deep Acting）。深层扮演（Deep Acting）指为了表达组织期望的情绪对内心的真实情绪体验进行调整，力图使外在情绪表达与内心的情感体验达到一致。主动深层扮演是指个体感知到自己的情绪体验与组织的情绪表达规则，也就是组织要求的情绪出现不一致时，积极努力调整内心的情绪体验，激起或压抑某种情绪，从而使内心体验与需要的外在情绪表达之间达到一致。③被动深层扮演（Passive Deep Acting）。被动深层扮演是指个体内心的情绪体验与组织要求的情绪表达一致时表现出与组织情绪规则一致的情绪。

Hochschild 提出了有关情绪劳动的两个规则：感受规则和表达规则。

感受规则是指在具体的情境中，情绪体验的范畴、强度、持久性，以及实施对象等方面的合适性；表达规则是指在特定的场景下表达特定情绪需要遵循的规则，结合后来的研究可以看出，感受规则类似对情绪劳动工作特性的描述，表达规则则是组织对员工情绪表达的要求和规定。

Hochschild 开创性的观点引起了公众和学术界的广泛关注，受到了很多学者的追随。

2.2.1.2　Ashforht 和 Humphrey（1993）的定义②

Ashforht 和 Humphrey（1993）认为，情绪劳动是指员工根据一定的展示规

---

① 杨林峰，余新年，范庭卫. 情绪劳动结构维度初探［J］. 内蒙古农业大学学报（社会科学版），2008，3（10）：263 – 265.

② 李进. 情绪劳动的概念模型及其内在机制评述［J］. 商业时代，2009（9）：32 – 33.

则而表现适当情绪的行为。他们认为情绪劳动是一种情绪表达行为而不是情绪表达行为背后的情绪管理过程。情绪劳动是一种印象整饰行为，个体为了使互动对象对自己形成特定的社会认知，从而构建特定的人际氛围，可以根据要求或者需要有目的、有意识地调节自己的行为。他们指出，Hochschild（1983）的观点有一个前提，即情绪劳动的发生是员工对自身情绪的有意识的管理结果，但是她忽视了一种情况，即当员工的真实情绪感受与组织的情绪表达规则一致时，员工便将体验到的情绪自然地表达出来，在此种情况下，员工即便没有有意识的情绪管理行为（Spontaneous 和 Genuine Emotion）发生，也进行了情绪劳动。因此，与 Hochschild（1983）不同，Ashfortht 和 Humphrey（1993）关注的是员工可观察的情绪表达的行为而非其内在的情绪管理过程，他们提出了更广泛的影响员工情绪表达行为的因素组合，并且认为表层扮演和深层扮演对于员工来讲可能是常规性的、不需要付出内心努力的行为，因而也不会构成压力的来源。情绪劳动会影响任务的有效性，而不是对个体健康或压力产生影响，他们将员工的这种情绪表达的行为与工作绩效建立联系，开始关注情绪劳动（情绪表达）与工作绩效的关系。

Ashfortht 和 Humphrey（1993）提出了四种情绪劳动的策略[①]：

（1）自主调节（Automatic Regulation）。员工进行自主调节是对情绪自主体验的过程，如护士会对受伤的孩子自然表现出同情之意。这种同情是一种自然的反应，当事人没有必要去扮演。按照扮演理论，在这种情况下情绪表达是以自动模式完成的，感觉到某种情绪便自然流露，进而产生相应的情绪表达，在此过程中不需要个体有意识的努力来完成情绪劳动。

（2）表层扮演（Surface Acting）。大多数情绪理论学者都承认情绪是由主观感受、心理反应和表情行为等几个部分构成的。情绪表达行为包括面部表情、语音和姿势。表面扮演指员工调整外在的情绪表达行为达到组织要求而对内在的真实情绪体验并不进行调整。因此外在的情绪表达行为与内心情绪体验分离，作为一种情绪劳动策略，如果员工在工作中不愿或无法改变内心的情绪体验时，必须改变外在的情绪表达行为，做到组织情绪表达规则来完成工作。表层扮演可能会

---

① 杨林峰，余新年，范庭卫. 情绪劳动结构维度初探［J］. 内蒙古农业大学学报（社会科学版），2008，3（10）：263－265.

成功，如微笑服务，尽管微笑不是发自内心但顾客并未察觉仍能取得很好的效果；可是如果顾客察觉到，如感觉"她笑起来很假"，则可能对顾客体验造成影响，甚至影响顾客的消费意愿进而影响组织的服务绩效。

（3）深层扮演（Deep Acting）。深层扮演是指个体为了表达组织要求的情绪，调整内在的心理体验，进而表达要求的情绪。深层扮演时员工的表达行为与内心体验是一致的，不存在分离的情况，可以称为表里如一。深层扮演要求员工尽可能唤起能够引起情绪的思想、想象和记忆等心理活动，是一个积极主动的过程。很多情绪劳动的研究表明，与表层扮演相比，深层扮演由于员工的情绪表达行为与内心情感体验之间保持一致，员工会获得更好的工作体验，也会获得更好的顾客绩效。

（4）失调扮演（Emotional Dissonance）。在服务行业中并不是所有的工作都需要员工保持诸如微笑的积极正向的情绪，一些工作需要员工不苟言笑甚至表现负向的情绪，如收账员。因此，情绪劳动强调员工对情绪的管理，不论是管理情绪表达行为还是情绪的内部调整过程。失调扮演强调员工在工作中对情绪进行管理时将自身的情绪与工作中的情绪隔离开来，不让自身情绪影响工作中的情绪、心情与表现，工作中表现的情绪与实际的情绪体验是完全不一致的，这种内外失调有利于员工完成工作任务，如员工谈判时尽管过程中外在的情绪表达各种各样，内在的情绪体验却需要一直保持镇静和中性。

2.2.1.3 Morris 和 Feldman（1997）的定义①

Morris 和 Feldman（1997）认为，情绪劳动是"在人际交流中，通过努力计划和控制以表达组织期望的情绪"。他们认同 Hochschild（1983）、Ashforth 和 Humphrey（1993）的观点，即情绪由个体调整和控制，但是个体什么时候调节和控制情绪是由更广泛范围的社会情境因素决定的，他们指出情绪表达行为在社会环境中发生，并由社会环境决定，情绪劳动是个体调节和社会环境共同作用的结果。

Morris 和 Feldman（1997）对情绪劳动的界定明确提出了情绪劳动的工作特

---

① 杨林峰，余新年，范庭卫. 情绪劳动结构维度初探［J］. 内蒙古农业大学学报（社会科学版），2008，3（10）：263－265.

性维度，并将这一维度视作情绪劳动概念的一部分。他们将情绪劳动划分为：①情绪表达的频率（Frequency）。②情绪表达规则的专注程度（Attentiveness），即为表达目标情绪需要的注意程度，情绪表达规则的专注程度又可以分为情绪表达的持久性（Duration）和强度（Intensity）。前者是指情绪表达的时间长短，后者是指情绪表达的强烈程度。③情绪表达的多样性（Variety），即需要表达的情绪种类的多少，组织需要表达的情绪种类越多，工作中需要表达的情绪对工作影响也大，员工需要付出的努力也会越多。④情绪失调（Emotional Dissonance），是指个体的内在情绪体验与组织所要求的外在情绪之间并不一致，甚至完全相反而形成冲突。虽然很多学者将情绪失调作为情绪劳动的一种结果，但 Morris 还是将它当作了情绪劳动的一个维度。

2.2.1.4 其他学者的观点①

许多研究者在上述观点的基础上对情绪劳动提出了自己的看法，这些概念对深入认识情绪劳动大有帮助。Zapf（2006）认为，情绪劳动是员工工作的一部分，是个体调节出组织期望情绪的心理过程，情绪劳动可以从以下维度进行衡量：积极情绪的表达要求、消极情绪的控制要求、情绪表达的敏感性以及情绪失调。同时，他提出了蓄意失调扮演（Deliberative Dissonance Acting），认为在某些情境组织中存在不同的情绪表达规则，这些规则要求员工进行情绪劳动时既要表现出适度的情绪，又要保持内心的中性情绪体验，即保持内心的冷静或平静。Pugliest（1999）则认为情绪劳动可以分为自我焦点和他人焦点的情绪劳动两种类型。

在 Hochschild 研究的基础上，Kruml 与 Geddes（1998）关注个体的心理调节过程，将情绪劳动划分为情绪失调和情绪努力两个维度，前者包含了表层伪装的概念，后者则包含了深层伪装的概念。

Zapf（2006）依据行动理论，将 Ashfortht 和 Humphrey（1993）提出的没有有意识的情绪管理行为（Spontaneous and Genuine Emotion）称为自动调节或自然表演（Automatic Emotion Regulation）。

---

① 夏福斌，路平. 情绪劳动的测量［J］. 商业经济，2011，365（1）：68 - 70.

Diefendoff 和 Gosserand（2003）将情绪劳动定义为：为了响应组织有关情绪表达规则（Emotional Display Rules）以完成组织工作任务而对个人情绪表达（Emotional Display）进行管理的过程，将情绪劳动划分为表层伪装、深层伪装和真实情感表达三个维度。

如前文所述，Morris 与 Feldman 的概念更强调组织中工作对情绪劳动的要求，可以分为人际工作要求（如持续性、强度、频率等）和情绪控制（如情绪表达规则）两类。因此，Brotheridge 与 Grandey（2002）从外在工作特性和内在心理特性两个角度来界定情绪劳动的内涵，将情绪劳动划分为"工作中心"和"人员中心"两个维度。工作中心的情绪劳动主要描述职业的情绪要求，从员工—顾客交流的频率、强度、种类、持续时间等方面对情绪劳动进行测量（相当于工作特性）；人员中心的情绪劳动是指员工按照组织和工作情绪要求调节情绪的心理行为过程，从情绪调节过程、情绪失调等方面分析情绪劳动。结合 Hochschild、Morris 与 Feldman 的观点，Brotheridge 与 Lee（2002）通过因子分析，发现情绪劳动可以划分为四个维度：情绪失调与表层扮演，情绪表达的强度、多样性及持续度，深层伪装，情绪表达的频率。

Wharton 与 Erickson（1993）对情绪劳动的界定更明确至情绪表达的行为，将组织中的情绪表达分为三种：正性情绪、中性情绪及负性情绪；Glomb（2004）等将情绪劳动从操作化角度分成三种类型：真实情绪表现、假装情绪表现和情绪压抑，每种类型又包括正向和负向的情绪体验，因此将情绪劳动划分为六个维度。Schaubroeck 和 Jones（2000）则将情绪劳动划分为简单的两个维度：表达正向情绪和压抑负向情绪。

2.2.1.5　对情绪劳动概念的述评

各位学者从不同的分析角度和学科背景对情绪劳动的概念进行了述评。Hochschild 从社会学的角度，更加关注员工的自我调节的过程。Grandey（2000）从情绪心理学的角度出发，关注情绪管理中员工情绪产生、发展、变化的这一过程。而 Ashforth 和 Humphrey（1993）、Morris 和 Feldman（1996）作为组织与管理领域的学者，则是从组织角度分析情绪劳动，更加关注情绪劳动作为员工工作中的行为属性。从组织、工作和个体层面分析情绪劳动的属性和情绪表达的行为，以此为组织提供更有效的情绪劳动管理的策略，因此他们更加注重情绪劳动中可以观察到的，并且有实际结果的、外在的情绪表达行为。

（1）Hochschild 的观点反映了情绪劳动的性质——换取报酬。作为一个社会学家，区分了情绪劳动（Emotional Labor）、情绪工作（Emotion Work）、情绪管理（Emotion Management），情绪劳动是指通过工作可以换取报酬的交换价值。而情绪工作或者情绪管理指的是员工使用这种价值的个别情境（Private Context）。员工在工作中完成任务不仅要付出身体和精神上的努力，更要管理情绪，对情绪进行管理是工作的组成部分；值得指出的是，情绪劳动概念强调的是对情绪的管理，与以往有关的研究文献中将情绪视为员工对不同组织情境的反应的观点有很大不同。

（2）Ashfortht 和 Humphrey 更关注情绪表达行为和情绪劳动与任务有效性和绩效间的关系。认为情绪劳动应与任务有效性积极相关（前提是如果顾客认为情绪表达是真实的）。与 Hochschild 相同的观点是：如果个体表达出来的情绪不是其真实的感受，员工可能产生自我偏离的需要从而导致情绪劳动无效（尤其是深层扮演）。但是，他们并没有解释个体这一过程是如何发生的。

（3）Morris 和 Feldman 的概念包含了组织对员工在与顾客互动中表达的情绪的期望以及员工需要表达与自身感受不同情绪时的内心紧张状态。但该定义的问题是没有举例详细说明情绪劳动的频率、持续时间和情绪多样性如何判断。Morris 和 Feldman（1997）对于情绪劳动维度的阐述是："情绪劳动最好的阐述方式是通过情绪劳动的频率循环的。"

（4）Kruml 和 Geddes（1998）和 Zerbe（1998）也将情绪失调作为情绪劳动的一个维度，但仍存在一些问题：第一，情绪失调是一种状态而不是努力过程，不符合学者对情绪劳动的定义；第二，员工在工作中管理情绪时，并不是所有的情绪管理方式都会有情绪失调的体验。

2.2.1.6 情绪劳动的特征

心理学认为情绪是在客观事物满足或不满足人的主观需要的基础上所产生的一种体验。情绪体验广泛存在于人们的工作生活中，人的情绪活动是普遍的、广泛存在的，时时、处处产生着情绪体验。然而，并不是所有员工的情绪活动都可以视为情绪劳动。Hochschild（1983）关于情绪劳动的定义强调的是，首先，为了获得报酬才进行的，表明情绪劳动付出的目的性很明确。当然，这种报酬除了金钱与物质奖励外，也可能包括晋升机会以及人际关系等。其次，情绪劳动并不见得一定是通过面部表情（Facial）来实现，也可以通过身体行为（Bodily）来实现。再次，人的情绪有多种，如焦虑、笑、哭、紧张等。最后，情绪劳动强调的是对自己情绪的控制，也就是说控制情绪使其在恰当的情景下做出相应贴切的情绪表现，情绪的表现是日常工作中的一部分。

Zapf（1992）归纳了情绪劳动的特征：①

（1）情绪劳动是员工与顾客之间互动的产物。员工在工作中与顾客面对面、声音对声音接触是情绪劳动的一个重要因素。服务业员工的工作很多都需要情绪劳动，如售货员、银行职员、教师、医生、警察、收银员等的工作。如果不付出情绪劳动，这些职业的工作很难取得顾客或服务对象的满意，也很难为组织创造良好的绩效。但是并非所有服务工作都需要面对面、声音对声音的互动。因此，Zapf（1992）将工作划分为两种类型：一类是与人打交道的工作，如前面列举的服务行业的工作；另一类是与物打交道的工作，如 ATM 自动提款机的服务或者自助洗车的工作。与人打交道的工作设计更多的产生情绪、情绪管理、情绪表达的问题。因此，在与人打交道的工作中，员工必须按照组织要求进行情绪劳动。

（2）情绪劳动是有目的地表现情绪来影响他人情绪的过程。在与人打交道的工作中，员工需要按照组织期望在工作中表达出适当的情绪，以影响顾客的态度及行为，使其获得良好的情绪体验。在员工的工作行为中，情绪的表达与管理是工作的重要组成部分，是员工付出心理努力的主要方面。员工的内心情绪体验与情绪驱动其工作行为，完成对他人的影响与行为。情绪劳动的目的就是影响他人情绪，按照组织规定影响顾客的情绪，从而更好地完成组织任务为组织创造绩效。Stauss（1995）等对医院的定量研究发现：虽然医生的主要工作是诊断和治疗疾病，由于有些治疗会使病人感到害怕和恐惧，因此医生的工作中都需要安慰病人的情绪，也就是进行情绪劳动影响病人的情绪。通过观察发现，情绪劳动在医疗工作中是必不可少的，能起到药物治疗以外意想不到的作用。有目的地观察

---

① 文书生. 西方情绪劳动研究综述［J］. 外国经济与管理，2004，26（4）：13-19.

病人情绪，准确判断是医生能够影响病人情绪、进行情绪劳动、更好诊疗的前提条件。按照情绪感染理论，在员工—顾客的互动中顾客情绪会受到互动对象情绪的感染，从而影响其自身的情绪体验，因此在医生有目的地通过情绪劳动影响患者情绪的过程中，患者的情绪敏感性也会影响情绪劳动的效果。Zapf 等（1979）开发了测量敏感性需求的量表来研究敏感性需求与情绪表达之间的关系。

（3）情绪表达规则。按照 Goffman（1959）的戏剧理论，在社会交往中人们往往倾向于遵守一定的社会规则。Ekman（1973）称情绪劳动中的规则为适当的情绪表达规则。事实上，情绪表达规则可以视为一种行为规范。它间接地说明，某种情绪在某种条件下是合适的，应该公开表达。Hochschild（1983）也谈到了情感表现规则。虽然目前许多公司没有明确规定员工在工作中的情绪表达应遵循的规则，但是在组织文化或工作描述或工作职责中常常包括了类似的说明。而一些服务则更明确地对情绪表达规则进行了规定。

2.2.2 情绪劳动的测量

1998 年以前，研究者把情绪劳动看作外显的工作行为，并且将情绪劳动的外显行为的各方面特性视为一个整体来进行测量，主要关注情绪劳动的工作特性，如员工与顾客交互的频率或与顾客互动的次数。

Grandey（2003）开发的情绪劳动二维量表在情绪研究中使用较多，这个量表分为表层扮演和深层扮演两个子量表，共 8 个项目，采用 5 点李克特量表进行评分，内部一致性系数为 0.75。

Chau（2006）开发的情绪劳动二维量表——服务性情绪劳动量表（Hospitality Emotional Labor Scale，HELS）同样包含两个子量表：情绪失调子量表和情绪努力子量表。其中，情绪失调共 14 个题项，测量情绪劳动中的表层扮演和真实表达，其内部一致性系数为 0.80；情绪努力量表包含 5 个题项，主要测评情绪劳动中的深层扮演，内部一致性系数为 0.69。

Brotheridge 和 Lee（2003）开发出情绪劳动的第一个多维量表，采用自我报告的回答方式、5 点李克特量表测量 6 大情绪劳动因素，包括互动频率、强度、情绪规则多样性、持久性，表层扮演和深层扮演，共计 15 个项目。子量表的内部一致性大小为 0.71～0.91。

Glomb 和 Tews（2004）也提出了情绪劳动的多维量表——独立情绪情绪劳动量表（Discrete Emotions Emotional Labor Scale，DEELS）。主要基于人类情绪的复杂性，即人类的情绪是复杂的、种类繁多的，因此开发出包含六大类情绪（爱、快乐、愤怒、悲伤、恐惧和憎恨）的 14 种独立情绪的测量量表。具体包括三个子量表：真实情绪表达量表、伪装情绪表达量表以及压抑情绪表达量表。子量表的每项问题请被试者评价在工作中需要表达上述 14 种情绪的频率，测量范围即表达的频率从"从未真实表达"到"一天中需要很多次真实表达"，划分为 5 个选项。

Diefendorff（2005）提出的情绪劳动量表在情绪劳动研究中被广泛采用。该量表包含三个子量表：表层扮演量表（7 个题项）、深层扮演量表（4 个题项）和自主调节子量表（3 个题项），总计 14 个项目，各量表的内部一致性系数分别为 0.91、0.82、0.75。

另外，Cukur（2009）提出了教师情绪劳动量表（Teacher Emotional Labor Scale，TELS），用来测量高校教师与学生、同事以及管理者之间的情绪互动。该量表采用自陈式问卷，包含真实情绪表达子量表、表层扮演子量表、情绪偏离量表和深层扮演量表 4 个子量表，每个量表各 5 个题项共计 20 个题项。4 个子量表的内部一致性系数为 0.70～0.81，整个量表的内部一致性系数为 0.79。

2.2.3　情绪劳动的前因与结果

以往研究对服务业多个行业的情绪劳动进行了质化研究，如房产中介经纪人（吴宗佑，1995；Wharton，1995）、服务员（超市、快餐店等）（Bailey 和 McCollough，2000；Tolich，1993；Tracy，2000）、专业医疗人员或助人工作者（如医生、社会工作者、护士、心理咨询师）（吴宗佑，1995；Jame，1992；Karabanow，1999；Kahn，1993；Meyerson，1990；Yanay 和 Shahar，1998）、秘书或助理（Lively，2000；Wichroski，1994）、刑警或急救人员（Pogrebin，1988；Stenross 和 Kleimnan，1989；Shuler 和 Sypher，2000）。情绪劳动的量化研究最早始于 Adelmann（1989），他首先在论文中采用量表测量了情绪劳动，其后众多学者开

发出不同的量表对情绪劳动进行分析，将情绪劳动的研究引向深入，目前对于情绪劳动的前因变量和结果变量的研究已经积累了大量的研究成果。其中情绪劳动的前因变量可以归纳为员工个人、组织（包含工作特性）、顾客三个方面。

Grandey（2000）对情绪劳动的前因变量和结果进行了总结，指出情绪劳动的前因变量包括：①个体因素。如性别、情绪智力、情绪表达和情感倾向。②顾客互动因素。又可进一步分为工作特性和互动中的情绪事件（积极的和消极的）；前者如频率、持久性、多样性、表达规则等。③组织因素。如工作自主性、组织支持和同伴支持等。本书的分类中将其中的顾客活动的工作特性归入组织变量中。

（1）个体变量。

1）性别、年龄等统计变量。Kruml 和 Geddes（2000）认为，影响情绪劳动的个体变量包括年龄、性别、工作经验和移情能力，其中年龄与情绪努力及情绪不协调呈正向相关；女性与情绪努力呈负向相关；工作经验与情绪不协调存在负向相关关系；移情能力与情绪努力呈正向的相关关系，与情绪不协调之间负向相关。Rafael（1989）发现商店服务员的性别对员工的积极情感表达存在差异影响，女服务员向顾客传达的积极情感比男服务员多。Hochschild（1989）认为，不论是在工作中还是在家庭中，人们普遍期望女性的情绪管理能力高于男性，因此情绪劳动及表达积极情绪的情况要多于男性。但是 Kruml 和 Geddes（2000）的发现却表明，男性在情绪劳动中的付出要多于女性。Totterdell（2003）等对个体、情景变量与情绪劳动的关系的研究表明，女性员工更倾向于表层扮演。综上所述，性别差异对情绪劳动存在影响。Schaubroeck 和 Jones（2000）的研究也证明性别会对情绪劳动的两个维度——表达正向情绪和压抑负向情绪造成影响。

2）人格特征[①]。Weiss 和 Cropanzano（1996）的研究指出，个体的情感性会影响其情绪劳动策略的选择，正情感较高的个体较少采用表层扮演，负情感较高的个体则更多地采用表层扮演。与之形成对比的是深层扮演与情感性之间没有显著的相关关系。当个体从事与自己特质相似的行为时，可以得到更多的积极情

① 黄敏儿，吴钟琦，唐淦琦. 服务行业员工的人格特质、情绪劳动策略与心理健康的关系［J］. 心理学报，2010，42（12）：1175－1189.

感。Tan 等（2003）、Diefendorff 等（2005）的研究发现外倾性与神经质等会影响员工的情绪劳动。Tan 等（2003）对快餐店收银员进行了现场观察与访谈后发现，员工的外倾性与表达积极情绪呈正相关，神经质与表达积极情绪呈负相关。Diefendorff 等（2005）同样发现外倾性、神经质会影响情绪调节的需要，还发现"大五"人格中除"外倾性""神经质"外，"尽责"和"随和"也影响员工情绪调节的意愿。Bono 和 Vey（2007）通过实验研究分析了人格特质（外倾性、神经质和自我监控）与情绪劳动（表层扮演和深层扮演）之间的关系，结果显示自我监控与深层扮演之间正相关，高自我监控者报告的压力更低，能够更好适应情绪劳动。Austin、Dore 和 O'Donovan（2008）研究发现情绪劳动的表面扮演与神经质正相关，与外向性和责任心负相关；深层扮演与宜人性和外向性正相关；情绪智力与深层扮演无关，但是与表面扮演负相关，而情绪智力部分中介了个性与表面扮演之间的关系，高情绪智力者更少使用表面扮演策略。

黄敏儿等（2009）研究了服务人员人格特质、情绪劳动与心理健康之间的关系，发现人格特质中善良、他人指向预测较少的表层扮演，较多的自主调节；行事风格预测较多的自主调节；事物指向预测较多的自主调节和深层扮演，较少的表层扮演；才干、自我指向预测较多的深层扮演；情绪性预测较少的深层扮演。

林川和黄敏儿（2011）研究了特质应对方式及情绪表达规则对情绪劳动的影响，发现特质积极应对报告较多的深层劳动；在积极展现规则下，特质积极应对出现较少的表层劳动（与消极应对比）。综上所述，可见人格特质在一定程度上可以对个体习惯采用的情绪劳动策略产生影响。

3）组织认同。Ashforth 和 Humphrey（1993）根据社会认同理论指出，对组织存在角色认同的个体，即将组织角色看作自身核心部分的个体，在工作中遵循组织的包括情绪表达规则在内的组织角色期望时，其情绪感受会更趋于真实，因此从这一点看来可以认为组织认同可能会预测更多的深层扮演。Schaubroeck 和 Jones（2000）的研究也发现，员工的角色识别与组织认同度越高，其感知到的情绪表达需要对身体造成的影响越小。但是，Totterdell 等（2003）的研究则表明组织认同不会影响员工的情绪劳动，他们采用 Brotheridge 和 Lee（1998）的情绪劳动量表分析发现组织变量（如时间控制、方法控制和上级支持）与情绪劳动（表层扮演和深层扮演）之间的关系并不明显。

4）情绪智力。Brotheridge（2006）通过对服务人员的研究，发现情绪智力与深层扮演之间正相关，同时表层扮演和情绪意识之间也有正相关关系。王璐等（2009）发现，情绪智力通过内、外部动机对深层扮演和表层扮演有正向影响。Lazarus（1993）认为，情绪劳动与正性情感、负性情感存在一定关系。所谓情感性是指人们按照某种特殊的情绪色彩对事物做出某种反应的普遍性倾向。当个体以自定标准面对各种环境时，个体所感受到的放松、自豪的积极情绪心理体验被称为正性情感；当个体以自定的标准面对各种环境感到不安、紧张、烦恼等消极情绪的心理体验时则为负性情感，正性情感与负性情感的表现都取决于表达规则。

5）工作特性、组织表达规则。组织表达规则是指在工作中，组织对员工表达适当情绪的期望和要求。清晰的组织情绪表达规则有利于员工对表达规则的学习。Rafaeli与Sutton（1987）指出，社会化学习、甄选程序、奖励和惩罚，是组织创造和维持标准的重要方式。Rafaeli和SuRon（1989）的研究则表明，社会、职业与组织标准可以使员工知觉到表达规则。Morris和Feldman（1997）的研究表明，组织中情绪表达规则清晰程度与员工情绪劳动的频率负相关。Diefendorff（2005）等的研究发现，情绪表达规则本身或者情绪表达规则的性质会对情绪劳动造成影响。此外，积极的情绪表达规则会对深层扮演产生正向影响，而消极的情绪表达规则对表层扮演产生影响。Diefendorff和Gosserand（2005）的研究进一步指出，对于情绪劳动组织仅仅要求情绪表达规则是不够的，员工需要对组织的情绪表达规则做出承诺才能保证有效的情绪劳动策略。

6）任务常规性。服务业员工工作的常规性存在差异，一些工作中员工与顾客互动的重复性很高，员工在工作中需要与许多顾客接触，完成互动的模式都大体相当。而这种任务的常规性也会对员工的情绪劳动产生影响。Leidner（1993）的研究发现，工作的常规性越强，员工服务顾客的情绪劳动的例行化程度也越高，员工会按照例行化的方式进行情绪劳动，同时情绪劳动的频率也会越高。同时，他也发现员工对情绪表达规则的注意水平与任务的常规性之间存在反向关系，即任务越常规，员工对情绪表达的注意水平越低。原因是员工在执行常规性任务时，与顾客接触的时间较短，没有足够的时间进行持续稳定的注意。Morris和Feldman（1997）的研究也表明，工作任务越常规化，情绪劳动的频率越高，而持续时间也越短，情绪失调的可能性越高。Diefecdorff 等（2003）的研究则发现，任务常规性与员工的深层扮演负相关；同时深层扮演与任务持久性则正相关，即员工工作的常规性越高，可能会较少采用深层扮演，而工作越持久则可能会较多采用深层扮演。

7）工作自主性。Rafaeli 和 Sutton（1989）的研究发现员工的工作自主性与情绪失调之间存在负向相关关系，也就是说自主性是情绪失调的前因变量之一。Tolich（1993）对超市职员的情绪劳动进行了研究，发现超市对员工工作行为的直接监控与情绪劳动策略使用之间存在联系。Morris 和 Feldman（1997）还发现工作自主性和情绪失调负相关。

8）服务接受者的权力。Kipnis 和 Wilkinson（1980）的研究发现，在某种程度上员工的情绪行为取决于顾客的权力和地位。Hochschild（1983）在对空服人员的研究中发现，很多空姐对头等舱旅客表现出的积极情绪更加真实和持久。这意味着，服务接受者的权力影响员工对情绪表达规则的注意水平，也与员工情绪表达的多样性之间存在联系，即服务接受者权力越大，员工情绪表达所受的限制也越大。Diefendorff（2003）等的研究则表明员工与顾客接触时间的长短影响员工情绪劳动，即影响表达组织期望情绪的意愿。Godwyn（2006）的研究发现，服务员工与顾客互动时间越久，越有利于缓解员工表达组织期望情绪时与自身情绪实践的情感失调。

（2）顾客互动变量。

1）顾客的态度和行为[①]。顾客的权力影响情绪劳动，与情绪劳动的频率正相关（Morris 和 Feldman，1996）。Kruml 和 Geddes（2000）的研究发现，员工对顾客情感的感知会对情绪劳动产生影响，员工的顾客情感感知与情绪努力、情绪失调负相关。Totterdell 和 Holman（2003）的研究则指出，顾客的消极情绪与员工的表面扮演相关。Spencer 和 Rupp（2009）指出，与顾客的互动不公平会导致员工采取更多的情绪劳动；此外，顾客对员工本人及其同事的不公平情况都会驱使员工采取更多的情绪劳动。Pugh（2001）根据情绪感染理论对员工与顾客之间的互动进行了研究，发现社会互动过程中一方的情绪状态都会影响到另一方的情

---

① 刘小禹，薛佳奇，陈可. 服务员工与顾客情绪互动的研究现状及展望——基于情绪劳动的视角 [J]. 管理现代化，2011（2）：12－14.

绪状态。

2）店铺的繁忙程度。店铺的繁忙程度指的是一个店铺工作节奏的快慢和光顾顾客的拥挤程度。Pugh（2001）的研究表明店铺的繁忙程度与员工的积极情绪表达之间呈负相关关系。但是也有学者得出了相反的结论，如 Tan 等（2003）的研究则发现店铺的繁忙程度与收银员的积极情绪表达没有关系。有学者认为，这种结果的差异可能是文化差异的影响结果。

3）情绪劳动的结果。早期有关情绪劳动结果变量的研究主要关注情绪劳动对员工个体身心的负面影响。

Hochschild（1983）从满足组织需要角度出发对情绪劳动进行研究，首先注意到情绪劳动可能对员工个体造成负面影响，如自我疏离、去个性化、压力、倦怠甚至药物滥用。她指出，当员工采取表层扮演对情绪调节时，必须为表现组织的要求改变自己的外在情绪行为，但是其内心的实际情绪体验则与表达的情绪存在不一致，这种情绪表达行为与内心情绪体验之间的不一致会令员工感到紧张，这种紧张状态如果一直存在，随着时间的推移，员工会感到自我不真实，也就是情绪表达与真实情绪体验之间产生疏离，并会最终出现情绪耗竭。情绪耗竭的表现为缺乏精力、对工作缺乏热情、自我疏离、挫折感与疲惫感以及冷漠等心理或情绪反应，情绪劳动甚至还可能对员工的心理健康造成伤害。

也有学者得出了相反的结论，Wharton（1993）的研究表明，情绪劳动与员工的情绪耗竭之间并无联系；相反，情绪劳动与工作满意度正向相关。

目前有关情绪劳动的结果变量研究，主要集中于以下方面：情绪耗竭（Wharton，1993；Morris 和 Feldman，1997；Toterdell 和 Holman，2003；Grandey，2003）、工作倦怠（Abraham，1999；Zapf、Vogt、Seifert、Mertini 和 Isic，1999；Brotheridge 和 Grandey，2002；Brotheridge 和 Lee，2002；Erickson 和 Riter，2001）、工作满意度等（Wharton，1993；Morris Feldman，1997；Pugleisi，1999；Abraham，1999；Zapf 等，1999；钟建安等，2007；陈栋，2008；王璐等，2009；胡君辰等，2009）。

情绪失调。Middleton（1989）将情绪失调定义为真实情绪体验与组织要求表达的情绪之间的冲突，认为其本质是指个体在进行表层扮演时感受到的紧张的心理状态。情绪失调被认为是个体表层扮演策略产生的结果，可能会导致员工感觉自己虚伪或自我疏离感，或者导致个体感到自我或工作上的不适，如低自尊、情绪耗竭以及抑郁等。

情绪耗竭①。情绪耗竭是员工承受压力后产生的结果，因而是压力研究中的典型结果变量。在服务行业情绪劳动最有可能导致情绪耗竭指在服务性行业员工身上典型地出现的一种压力后果。服务业员工的工作需要经常性的情绪劳动，很有可能造成情绪耗竭（Cordes 和 Dougherty，1993；Saxton、Philips 和 Blakeney，1991）。情绪耗竭可能造成员工工作中的退缩行为，降低服务企业的生产力。Morris 和 Feldman（1996）发现，情绪耗竭与情绪表达频率、情绪表达规则、情绪表达的多样性之间正向相关。情绪劳动对情绪耗竭及工作绩效的影响可以概括为情绪劳动→情绪耗竭→工作倦怠。Maslach（1996）则指出，情绪耗竭是工作倦怠的关键成分之一，当员工对顾客互动投入过度，又无处释放互动过程中压抑的情绪时，就会产生情绪耗竭。Morris、Feldman（1997）和 Abraham（1998）先后研究发现情绪失调与情绪耗竭呈正相关。2003 年，Grandey（2003）的研究证明了情绪劳动与情绪耗竭之间的关系：员工表层扮演越多，出现情绪耗竭的情况就越多。Humphrey（2008）等研究发现，当出现负性情绪事件时，表层扮演的情绪劳动策略会加剧领导的情绪耗竭。员工如果经常进行情绪调整可能会产生很大的心理压力，而员工情绪劳动时消耗的能量不能及时得到补偿，就可能产生工作退缩行为。

去个性化。Hochschild（1983）指出，情绪劳动对员工的个人表达会起到抑制作用，令员工无法表达自身想法，是员工在工作中可能感到不快的原因。学者有关情绪劳动与工作满意度关系的研究，不同研究结果之间并不一致，因此情绪劳动对员工个体的影响更具有典型性。另外，Ashforth 和 Humphrey（1993）则认为，如果工作中员工能友好地对待顾客，则可能使原本单调重复的工作变得更加有趣，则有可能增加员工的工作满意。Grandey（2000）指出研究之间的这种结论差异可能源于学者对于情绪劳动的不同认识。Brotheridge 和 Grandey（2002）的研究也表明，在对情绪劳动进行分类的基础上，即一类是指情绪表达的工作要求维度；另一类则关注员工的情绪体验和情绪表达的调节过程，发现对变量工作

---

① 林川，黄敏儿. 特质应对与展现规则对情绪劳动的影响［J］. 心理学报，2011，43（1）：65 - 73.

要求进行控制后，员工的表层扮演策略会导致员工的去个性化。

工作满意度。工作满意度是评价员工工作的重要标准，被研究人员视为评判员工幸福感的重要指标之一。Pugliesi（1999）对一所大学教职员工的情绪劳动进行了研究，发现情绪劳动直接降低了工作满意度。相反，Adelmann（1995）的研究则发现，餐厅服务人员在工作中进行深层扮演（即微笑发自内心时）比表层扮演（即进行情绪伪装的服务人员）报告更好的工作满意度，也就是说真实情绪表达与工作满意度之间正向相关。Zapf（2002）指出，情绪劳动会提高员工的工作绩效，因此可以为员工带来更多的表扬、奖励、尊重以及提升机会，增强了员工的自我成就感，因而会带来更高的工作满意度；同时，员工对人际交往的可预测性和可控性因情绪劳动增强而增加了工作中的安全感；另外，情绪劳动可以使员工对顾客有更多的积极的情绪表达，会强化进行情绪劳动的自觉性，使得员工有更多的自信与能力面对复杂与富有挑战的工作。Tolich（1993）研究也表明，员工在工作中通过与顾客的交流可以获得愉快和满足。

服务绩效。服务企业提供的产品，也就是员工的服务可以为顾客创造良好的服务体验，其中除了要满足顾客的物质或生理需要外，还包括创造良好的情绪体验，因此管理情绪对于服务业维系客户关系至关重要。通过情绪劳动员工可以诱发顾客的适宜情绪，展示服务企业积极的形象，提高顾客对服务组织的满意度与认可，从而产生高服务绩效（Ashforth 和 Humphrey，1992）。Rafaeli 与 Sutton（1987）的研究也指出，员工进行表层扮演时如果被顾客发现，即顾客知觉到员工表达的情绪是伪装的、虚假的，则可能会对顾客产生消极影响。Ekman 和 Friesen（1975）的研究发现，员工的表层扮演是存在一定漏洞的，因此服务效果与深层扮演存在差别。Toterdell 等（2003）指出，深层扮演会使员工表现出更多的热情，从而对组织绩效产生积极的影响，表层扮演和深层扮演对服务绩效都具有部分预测的作用，只是深层扮演的预测程度更强。

情绪劳动策略的影响。人们普遍认为深层扮演可以更好地为企业创造绩效，同时对个体带来更小的损失；而表层扮演则不利于个体的健康和工作绩效等。实际上，受情绪劳动策略影响的研究结论比上述表述要具体得多。首先深层扮演会带来更好的组织服务绩效（Brotheridge 和 Grandey，2002；Totterdell 和 Holman，2003），可以使员工产生更多的个人成就感、更好的组织绩效质量和表现出更多的热情。表层扮演则不然，如前所述，会引起员工的去个性化、与个人成就感负相关、引起更多的情绪耗竭（Brotheridge 和 Grandey，2002）、导致情绪麻木和情绪疲倦（Totterdell 和 Holman，2003）。Grandey（2003）研究指出，员工进行表层扮演时，才容易对其产生负面影响，而深层扮演则不然。马淑蕾和黄敏儿（2006）的研究发现，表层扮演和深层扮演对员工在工作中被诱发的悲伤情绪都有减弱效应，但是深层扮演能引起更大的生理激活，表层扮演则会降低员工后续的工作成绩，减弱自我真实感。Beal 等（2006）指出，表层扮演可能使员工的自我价值感降低和较少的积极情绪表达体验。Bechtoldt 等（2007）则认为，员工的表层扮演和深层扮演策略都与工作中的破坏行为存在关系。

2.3 服务氛围对情绪劳动影响的研究现状

目前有关服务氛围与情绪劳动关系的研究较少，仅有凌茜等（2007）同时对组织服务氛围及员工的情感性劳动进行了分析。但她们的研究只考察了服务氛围与情绪劳动作为自变量对服务质量的影响，并未对服务氛围与情绪劳动两者之间是否存在关系予以关注；只是对服务氛围进行组织层面和员工心理层面的区别，然后考察组织服务氛围对员工个体心理服务氛围的影响，对于服务氛围，无论是个体的还是组织的，都没有研究其对员工情绪劳动的影响。

如前所述，其他学者更多对服务氛围与顾客服务质量等服务体验变量的关系进行了研究。或者分析了组织情绪表达规则对情绪劳动的影响。Diefendorff 等（2005）分析了情绪劳动的维度和前因变量，指出在与工作相关的前因中，积极的组织情绪表达规则与深层扮演正相关，消极的情绪表达规则与表层扮演正相关。这种对表达规则的划分更多是从工作性质角度而不是从强调组织对服务重视程度的角度进行的，因此与服务氛围中的整体便利程度中涉及的组织服务制度、管理职能的实施有所区别。Tsai（2001）分析了员工积极情绪表达的影响因素和结果，指出服务友好性的心理氛围与积极情绪表达呈正相关。其研究的服务友好氛围比服务氛围的概念内涵要小得多，而且他们的研究只涉及了员工外在的积极情绪表达，而对于员工在表达积极情绪的过程中采取的情绪劳动策略并未涉及。

综合上述对国内外相关服务氛围的研究成果发现，这一领域的研究既呈现一些明显的优势也存在一些问题与不足。

（1）国外的服务氛围研究已经具有一定规模，研究的领域涉及服务氛围的概念、维度、前因结果、行业差异等方面。主要集中在服务氛围—顾客体验的关系研究，服务氛围对顾客体验，如顾客满意、顾客忠诚、顾客服务质量等方面。对服务氛围—顾客体验关系描述，性质的分析、内容结构以及顾客体验结果的衡量进行较多的分析。在服务氛围的概念、维度、人力资源管理、组织领导行为等前因方面已经取得了共识。国内的服务氛围研究刚刚起步，主要集中在服务氛围对顾客体验的影响分析。

（2）出现了针对行业的细分，如对银行、零售、医疗等不同行业的服务氛围类型特征的研究。

（3）服务氛围对员工行为影响的研究渐渐受到重视，尤其开始关注服务氛围影响下的组织公民行为，如组织公民行为的发生、对组织服务产出及整体绩效的影响。

（4）从最初强调服务氛围对人力资源管理、领导等关键组织服务的相关职能，开始转入服务氛围与组织其他职能和组织整体情境的整合研究，服务氛围的内涵和结果不断丰富和多元化。

（5）更加强调服务氛围形成与作用的过程性和系统性，此类研究尚处于思辨和理论探讨的层面，难以深入。

对情绪劳动的研究已有 20 余年，国外的研究者对情绪劳动进行了大量的研究，早期的研究者主要是进行质化研究，分析情绪劳动的本质和结构。20 世纪 90 年代，学者们开始更多地通过进行量化研究去探索情绪劳动的影响因素和产生的结果等问题。研究者们 20 余年的努力使得情绪劳动这一领域的研究正趋于成熟和完善，但是仍存在很多的不足和许多亟待解决的问题。国外对情绪劳动的研究范围广泛，对于情绪劳动的结构、影响机制、前因结果、不同行业差异都有丰富的研究成果。比较之下，国内的研究虽然近年来出现了比较多的情绪劳动的研究成果，但仍与国外的研究存在差距，主要集中在研究的综述、概念的探究及少数实验研究。

关于组织中情绪劳动的研究，在概念、性质、情绪劳动特点即基础理论的研究以外，比较多的研究通过实证分析探讨了不同职业情绪劳动的特点与影响因素，如关于教师、售货员、银行职员、收银员、警察、护士、医生等职业的研究。上述方面的实证研究结果支持了情绪劳动的各种理论假说，同时对各类服务企业的工作描述与劳动管理，尤其是人力资源管理提供了科学依据。研究主要集中于情绪劳动与工作满意度、组织承诺、工作倦怠、情绪耗竭等指标的关系。这些指标都是偏向于个体的主观心理感受，但是情绪劳动作为人际互动中的第三种劳动是否会通过人际互动因素的影响以及机制如何是需要回答的问题。情绪劳动可以跨越不同行业、阶层和任何职务，但是目前研究样本的选取基本局限于教师、医护人员、警察、银行人员，对于不同行业的组织特性的关注不足。样本的多样化和对组织内部情绪劳动的探究将深化我们对情绪劳动的认识和理解。

　　需要指出的是，情绪劳动研究仅限于员工—顾客之间互动的工作管理范畴，属于微观领域的分析，没有把冲突发生的环境，也就是组织的情境因素纳入考虑范畴，如果没有组织的弹性和支持策略、没有支持服务的组织情境、没有合适的组织文化以及没有家庭成员的支持，员工的情绪劳动不可能顺利进行。

第3章 服务氛围对情绪劳动影响研究的理论基础

3.1 情绪调节论[①]

情绪调节论认为通过调节定义情绪的唤醒与认知，个体可以控制自身的情绪表达符合特定情境的表达规则。情绪调节是指"个体对具有什么样的情绪、情绪什么时候发生、如何进行情绪体验与表达施加影响的过程"（Gross，1998）。情绪调节（Emotion Regulation）模型是一个输入—输出过程：情境可以激发个体的情绪，个体的情绪反应倾向（心理的、行为的、认知的）为个体和社会环境中的其他个体提供了信息。在这一过程中（情境刺激个体、个体释放情绪反应），情绪调节发生在两个阶段：第一阶段是前向关注调节，个体可以调节情绪的前向因素，如情境、评价；第二阶段是反应关注调节，个体调整情绪的心理或感觉特征。这两个过程对应情绪劳动概念中的深层扮演和表层扮演。

（1）前向关注调节：改变情境或改变情境感知。前向关注调节包括情境选择、情境修正、注意调节、认知改变。前两种类型是个体对情境的修正，如果无法对情境进行选择或修正，情绪调节的形式可能会是离开组织，也就是说服务员工的情境修正仅限于工作角色范围内。当员工不能对情境进行选择和改变时，员工会选择离开工作情境。

---

① Grandey A. A. Emotional Regulation in the Workplace: A New Way to Conceptualize Emotional [J]. Journal of Occupational Health Psychology, 2000 (5): 95 – 110.

除了情境修正，员工可以通过修正情境感知来调整对情境的情绪反应，这与情绪劳动的关系更为密切，也就是要注意调节和认知改变。注意调节中员工会回想可以引起特定情境下情绪的事件，在戏剧表演中被称作"体验扮演"（Gross，1998）。Hochschild 最初提出的深层扮演概念非常接近注意调节的概念；认知改变即个体改变对情境的感知以减少情绪的影响，这种情绪调节也是"深层"的，员工需要修正内部心理过程（如想法和情感）以便使情绪表达更加真诚。注意调节的主要目的是改变个人想法，而认知调整则是要改变对外部情境的评价。

（2）反应关注调节：通过虚假扮演或强化情绪的面部和身体特征来调节情绪表达。情绪调节的另一个调节阶段，反应关注调节中个体有情绪反应的倾向，但是他/她通过"直接影响情绪的生理、经验或者行为反应"（Gross，1998）篡改了表达这种情绪的反应。

相对于调整情境本身或对情境的感知，个体篡改了他对情境反应的情绪表达。这种方式可以通过训练或创造适宜情境的"安慰剂"来实现。个体也可以调整情绪表达的强度或者完全虚伪地表达。

二者是一个顺序进行的过程，属于情绪调节的不同阶段。按照情绪劳动和情绪理论，通过扮演管理情绪会对个体产生不利影响。

3.2　控制论

按照控制理论（Diefendorff 和 Gosserand，2003）的观点，情绪劳动过程可以被理解为员工通过反馈回路不断检测与减小情绪表达自我感知与组织表达规则之间的差异的过程，如图 3 - 1 所示①。

控制论的核心概念包含四个要素的反馈回路：输入、标准、比较器、输出部分（Klein，1989）。在情绪劳动过程中，分别对应员工对情绪表达的自我知觉、情绪表达规则、比较器、情绪表达策略（Diefendorff 和 Gosserand，2003）。情绪

---

① Diefendorff J. M. & Richard, E. M. Antecedents and Consequences of Emotional Display Rule Perceptions [J]. Journal of Applied Psychology, 2003（88）：284 - 294.

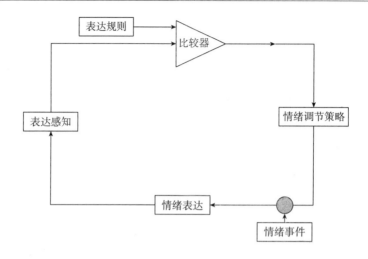

图 3 - 1　情绪调节的反馈回路

劳动过程中工作环境或特定的情绪事件会引起员工的情绪反应（如生气、难过、不安），不适宜服务接触的行为会紧随而来，如口头攻击、哭泣、抱怨等。但是，上述行为不被组织情绪规则所允许，因此员工会对情绪表达的自我知觉与组织情绪表达规则进行比较，如果存在差异，会采取两种方式减小差异：①行为改变（Lord 和 Hanges，1987）。使用情绪表达策略改变行为，使情绪表达符合表达规则。②认知改变（Lord 和 Hanges，1987）。即改变标准，以另一标准替代现有情绪表达标准，使标准与已表达情绪一致。在最初的减小差异的努力后，个体会再一次自我感知情绪表达，作为系统输入与比较器中的表达规则进行比较，这一检测反馈过程会循环往复直到不再有情绪表达自我知觉—组织情绪规则之间的差异。

　　由于个体对管理情绪及情绪表达有大量体验，图 3 - 1 所示的过程是自动的，不需要有意为之（Lord 和 Levy，1994）。以往的研究指出了自我调节可以自动地发生，不需要注意资源。

　　但是，当自我关注度较高、形式新奇、情绪表达与表达规则间的差异很大、表达正确情绪非常重要，或者要求个体进行有意比较时情绪表达的调节会需要注意资源。例如，销售人员在互动中注意力会集中于识别顾客的需求，不必努力地表达符合表达规则的情绪。如果顾客突然似乎愤怒了，就会检测到一个与对顾客保持积极情绪的目标不同的差异，这个差异就会成为员工注意的焦点。为了减小这个差异，员工会将他正在极力实现的"表达热情"转变成"表达遗憾"，可利用明显情绪调节策略来实现这一表达。一旦这一水平的差异消除，员工的注意力会被重新导向其他目标，情绪表达调节也会再一次不必有意注意。

3.3　行动论

行动论（Action Theory）可以很好地将情绪劳动概念整合起来：情绪劳动的概念可以归纳为两种观点：情绪调节（Emotional Regulation）过程与情绪表达（Emotional Expression）行为。情绪劳动的表达行为是组织设计的，因此这类概念与组织的关系更为密切，有助于将情绪劳动与其他的工作行为概念相提并论。工作心理学主要研究分析工作（具体指工作行为）的心理过程，包括目标开发、计划、指导和信息反馈等内容。情绪劳动表达的"行为"（Act）由心理过程调节的。因此，关于情绪劳动概念的两种观点并不矛盾：情绪表现是情绪管理，具体地说是情绪调节的外在表现，或者说是目的；而情绪调节是情绪表现的内在机制。

行动论强调从情绪工作（Emotion Work）的角度理解情绪劳动，强调情绪劳动报酬的交换价值的使用情境（Hochschild，1983），认为情绪是工作要求之一。按照行动理论的观点，工作是员工从组织接收指令，将指令重新定义为包含多重目标的整体任务计划，由目标层级结构对各级任务（行动）进行心理调节的过程。情绪劳动是员工要完成的整体任务计划的一部分，是为主要任务服务的次要任务。心理调节的水平按照任务常规程度和个体需要付出的努力的大小分为三个层次：智力水平、灵活性水平、感觉水平①。

（1）智力水平。行动调节的智力水平，会对情境进行复杂的分析，设计新的行动计划，包括目标与环境分析、问题解决以及决策制定（Hacker，1998）。

---

① Zapf D. Emotion Work and Psychological Well – being：A Review of the Literature and Some Conceptual Considerations［J］. Human Resource Management Review，2002（12）：237 – 268.

行动调节的主要目的是解决问题。这一水平的行动调节是有意识的、缓慢的、辛苦的、资源有限的。工作是连续的，需要进行一步接一步地解释反馈。

（2）灵活性水平。行动调节的灵活性水平控制的是常规行动（Routine Action）。这一类行动经常发生，可按照长期记忆中储存的行动模式概要进行调节。行动模式与 Schank 和 Abelson（1977）的脚本概念相近，行动模式是记忆中存储的现成的行动计划，根据特定的情境相应实施。这些行动计划形成于过去，当面临特定环境时被激发、整合成一种行动链（Action Chain）。常规行动的调节不能完全自动完成，但只需要很少的注意力。

（3）感觉水平。行动调节的最低水平。在这一水平上对行动的调节过程是自动的、模式化的，不需要付出主观努力。行动调节在自体感受与外界刺激反馈下进行，自主调节的概念可以应用在这里。在这个水平上，信息的处理是同时的、快速的、不需要努力并且没有明显缺陷的。在感觉水平上意识调节无法改变行动方案：行动可以被终止，但很难改变一项正在自动实施的行动。由于感觉水平上的信息处理过程是平行的，因此平行动作的执行和整合都并非难事，行为的困难之处在于需要协调的动作的数量、时间和准确性。

员工按照与顾客互动的情境，对比自我情绪表达感知与组织规则，对情绪表达心理调节水平存在差异：一般情况下，调节在感觉水平进行；当员工没有感知到组织要求的情绪时，心理调节会视任务难度及情境状况选择灵活性水平或者智力水平（如主任务被打断、情绪表达对完成任务非常重要等），三者分别对应自主调节、表层扮演和深层扮演。

3.3.1　不同的工作任务需要的调节水平是不同的

非常简单的任务如在流水线上的工作不需要任何智力水平的行动调节，而是例行完成，大部分情况是在感觉水平上进行调节。需要解决大量问题的任务则需要进行智力水平的调节。服务行业的工作既包括与物相关的子任务，也包括与人相关的子任务。Zapf（2002）将情绪劳动的工作分为"与人相关的工作"（Person - related Work）和"与物相关的工作"（Object - relatded Work）。前者主要指所有需要面对面或者声音互动的工作，后者则指既需要生理也需要精神上劳动的工作。情绪劳动是整体工作任务的一部分（见图 3 - 2），如护士在为病患抽血时，会以平静的声音同病人交谈。这里护士的情绪劳动是整体工作的次要任务，必须与物相关的任务同时进行。如果护士自动感觉到所需的情绪，情绪表达的模仿、声音、手势是在感觉水平上自动调节的，情绪劳动与主要任务都将毫无疑问的完成，而且是无意识的，不需要心理努力的。

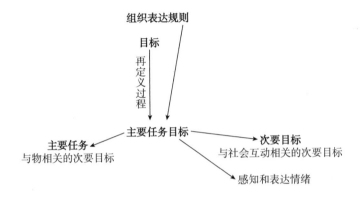

图 3 - 2　行动论视角下的情绪劳动

按照行动理论的观点，情绪劳动的过程是员工从组织接收指令，将指令重新定义为包含多重目标的整体任务计划的过程（Zapf，2002）。这一过程是有意识、有目的的：员工从组织接到以何种方式完成何种任务的指令后，这一指令将被重新定义为具体的包含目标和计划的可实施的子任务，任务包含多重目标，整合为一项整体计划。多重目标中一些目标的实现行动可以顺序展开；另一些目标则需要采取平行的行动方式或者一些目标本身就是具体的行动措施。情绪表达规则是组织要求的一部分，员工需要完成的任务之一是按照组织期望遵循情绪表达规则进行情绪劳动，情绪表达规则经过重新定义形成情绪劳动的目标。

3.3.2　情绪劳动策略的心理调节水平

情绪工作通常是为某一主要任务服务的子任务，因此是指主要任务的较高目标的次级目标。在某些情况下，与顾客互动过程中，需要某种情绪表达以及在互动中进行内部情感的管理。理论上情绪工作是以自动模式完成，即在社会互动中情绪按照要求自动表达。

如果一个人不能感觉到应该感觉到的情绪，那么他可能要进行表层扮演。这种处理是由灵活性水平的行动调节来完成的。这意味着，它是一个部分常规的处理过程，它可以但不需要涉及有意识的处理。表达某种未被感觉到的情绪的目标是常规触发的，在灵活性水平上调节，但是表达的行动（次级目标）的驱动图示（Motor Schemata）仍在感觉水平运行，而不需要意识控制。例如，当一个销售人员感觉中立时，他与顾客讨论销售条款时会持续微笑。只有在特殊情况下，才会引起他的意识注意。他或她可能要再次努力，想象"微笑"来保持笑容，然后继续讲注意力移回与顾客的交谈。

相比之下，大多数研究者认为深层扮演需要付出努力。从行动理论的观点来看，这意味着深层扮演包含一部分智力水平行为调节的意识处理。当完成一项与主要的物体相关的任务时，深层扮演会打断（至少会干扰）完成整个任务中物体导向部分所需的认知调节过程。因此，可以假定深层扮演既是一个相对独立的子任务，为困难的社会互动做准备，同时可能会中断主要任务而开展深层扮演。第一种情况如一位护士对一位年长病患表现冷淡，然后她开始一个内心对话：她可能会问自己为什么对待这个病患会有如此困难，为什么不能履行她自己的护士—病患交互标准。然后下次她为这位病患做准备时可能会尝试和发展更积极的情绪。第二种情况是 Hochschild 所描述的空乘人员，试图阻止自己对一位令人生厌的乘客的愤怒情绪："我对自己说别让他影响你，别让他影响你……然后我与我的搭档交谈，她对我说了同样的话。过了一会儿，愤怒消失了。"由于在行动调节的智力水平上，信息处理是顺序进行的，而深层扮演通常是有意调节的过程，不能与其他有意调节过程同时进行，因此这类内心对话在互动中不是自然发生的。深层扮演的这种观点在演员教育起源中也得到了证实，演员不会在舞台上进行深层扮演；相反，他们会在理解角色时进行它。

在社会互动过程中，情绪劳动的行动调节如何进行有多种可能[1]：

（1）与客户互动伊始，员工自然地体验和表现组织期望的情绪，员工体验与表达的情绪协调一致，情绪劳动以自主调节的方式进行，不需要努力。员工不

① Zapf D. Emotion Work and Psychological Well－being：A Review of the Literature and Some Conceptual Considerations [J]. Human Resource Management Review, 2002（12）：237－268.

必有意调节情绪表达而是可以完全专注于主要任务。当员工不能自然体验与表达组织期望的情绪时，表层扮演和深层扮演就会发生。

（2）在通常情况下，表层扮演也是自动进行的。例如，销售员在没有感觉到任何事的情况下仍然会自动表现出微笑。在其他情况下，表层扮演是有意进行的，需要启动执行意图（Implementation Intention）（Gollwitzer，1993），如当顾客进来时销售员会微笑，虽然是有意的但是不需要详尽阐述。表层扮演使员工在互动过程中处于一种情绪失调的状态。情绪失调是一种状态而不是一种过程，所以它不是一种描述情绪劳动的过程。

（3）在深层扮演的情况下，员工需要积极尝试调整内心情感使其与组织要求的情绪一致。由于深层扮演通常包含有意调节，只有在主要任务被打断（如前所述的空乘离开工作状况与她的同伴交谈）或者一部分主要任务可以按常规完成而不需要关注时，这种积极尝试才可能发生。在这种情况下，深层扮演开始内心对话令他（或她）最终体会到组织要求的情绪。尽管深层扮演启动需要付出有意识的努力，但是成功之后表达情绪时需要的努力却较少。由于情绪已经被感受到，表达就变得自然而然了。

（4）最后一种情况是员工没有表达组织要求的情绪。这被称作情绪异常（Emotional Deviance）（Rafaeli 和 Sutton，1987），可能是由于员工不赞成组织的情绪表达规则而有意发生；也有可能是无意发生，因为员工进行了积极尝试但由于情绪耗竭没能表现出要表达的情绪。

3.4　资源保存论

资源保存论（Conservation of Resources Model）（Brotheridge 和 Lee，2002）认为，人们试图获得、保持、保护和培养有价值的资源，将失去这些资源的威胁降到最低。失去资源的威胁通常是社会互动中角色要求耗费的能量与努力。员工投入资源满足工作需要并期望获得积极的成果（如收入）作为回报，如果没有获得回报，员工就会出现情绪压力。建立有报偿的社会关系是人们获得资源的最重要的途径①。

情绪劳动中员工投入资源——如表层扮演和深层扮演的努力——力图完成组织的情绪劳动要求——如情绪表达的频率、强度和多样性等——同时期望从客户（包括顾客、客户、患者、学生或者同事）那里获得良好的关系作为回报，如果没有取得预期的良好关系补偿满足组织要求所需的努力，员工就会产生情绪压力或自我疏离感。表层扮演由于抑制了自我真实感需要更多的资源，为将资源利用程度降到最低，员工会尝试深层扮演，进行自我的真实表达，成功后会带来自我评估的成就感。

具体而言：为了满足组织的角色要求员工必须决定进行表层扮演和深层扮演。进行表层扮演时，员工有意表达组织要求的情绪，但是没有真实地感受到，也没有试图感受，因此表层扮演时员工感受到与表达的情绪之间天生存在失调，也称为情绪欺骗。抑制感受到的和真实的情绪需要大量的生理努力和激励，尽管表层扮演和深层扮演都需要耗费资源。表层扮演时，假设其需要压抑情绪，会需要更多的资源。为了将资源的利用降到最低限度，员工可能会试图实际感受需要表达的情绪（如进行深层扮演）。情绪扮演的两种形式都代表情感商品，它们相互交换的期望值不同。当情绪努力与良好的关系间失衡时，员工会感到压力增加，并在未来的社会关系中付出较少的努力以降低这种压力。

因此，感到不良关系的员工会有以下反应：首先，自我真实感会受到不利影响。个人真实感降低到个人行为不受自我设计的影响。由于表层扮演要求虚假的情绪表达，对真实自我表达的支持很少，可能会产生自我疏离感、疏远别人的感觉以及工作效率的降低，因此表层扮演受到委托人的诟病。

其次，深层扮演中内心情感与表达情绪之间统一一致，因此，深层扮演允许自我的真实表达，如果成功，会带来自我评估的个人成就感，真实感和个人幸福感与角色满意之间存在密切的关系。

不论是表层扮演还是深层扮演，良好的关系都会直接影响个体的真实感。良好的社会关系有助于增强员工表达恰当情绪的信念。即如果员工情绪努力的结果增强了社会关系，员工可能会更依恋于真实的情感而较少与他人疏离。

---

① Brotheridge C. M. & Lee R. T. Testing A Conser – vation of Resources Model of the Dynamics of Emotion-allabor [J] . Journal of Occupational Health Psychology, 2002 (7)：57 – 67.

第 4 章　服务氛围对情绪劳动
影响的分析框架

4.1　概念界定

4.1.1　情绪劳动

Hochschild（1983）在《情感管理的探索》一书中正式提出了情绪劳动（E-motion Labor）这一概念，认为情绪劳动是服务企业员工通过管理自己的情感来建立一种公众可见的表情和身体展示，从而获得报酬的一种劳动方式。Ashfortht 和 Humphrey（1993）认为，情绪劳动是指员工根据一定的展示规则而表现适当情绪的行为。前者的概念强调内在的调节过程，后者的概念强调表达的行为（E-motion Display）。在情绪劳动的过程中，员工按照组织情绪表达规则对情绪进行管理以表现出符合组织要求的行为，员工的自我感受和情绪反应同时发生着变化。因此，Diefendoff 和 Gosserand（2003）在 Ashfortht 和 Humphrey（1993）的基础上将情绪劳动定义为：为了响应组织有关情绪表达规则（Emotional Display Rules）以完成组织工作任务而对个人情绪表达（Emotional Display）进行管理的过程。本书采取 Diefendoff 等（2003）的定义。

（1）表层扮演。表层扮演就是指员工调整情绪表达行为以表现组织所要求的情绪，而内心的感受并不发生改变的情绪劳动策略。情绪表达行为包括面部表情、语音和姿势。情绪则包括主观感受、心理反应和表情行为等几个部分。表层扮演意味着内心的情感体验与外部表情之间的分离，但不失为员工与顾客互动中管理情绪的一种有效策略。

（2）深层扮演。深层扮演策略是指员工为了表达组织期望的情绪，不仅调整外在的情绪表达行为，还要从内心真实体验要表达的情绪，对内心情感体验进行管理，因此表达的情绪是发自内心的，与内在情感体验是一致的。因此，深层扮演是一个积极主动的情绪调整过程，要求员工努力激活能够引起某种情绪的思想、想象和记忆等心理活动。

（3）自主调节。自主调节策略把情绪看作一种自主的体验过程，在这种情况下，员工表达的情绪是自然流露的，情绪劳动以自动模式完成，产生相应的情绪反应，因此在此过程中员工不需要有意识的努力。例如，护士在给受伤的孩子打针时，自然会对孩子表示同情进行安慰，这种安慰的情绪劳动是自然的反应，不是扮演的结果。

4.1.2　服务氛围

Schneider 等（1998）提出，服务氛围是指员工对组织要求、奖励、支持服务工作和服务行为的政策、管理措施和程序的共同看法。具体而言，服务氛围是员工对组织在服务生产、交付、消费过程中对服务质量强调程度的共享认知，员工通过对组织中的事件、管理和流程的体验和理解组织鼓励、支持、期望的行为类型形成的认知。Lytle（1998）则把服务氛围定义为组织所具有的、为员工完成出色服务提供支持的组织政策和行为惯例。因此，在概念层面，服务氛围的定义有两种不同的观点（张若勇，2008）：一种观点是从员工个体感知的角度对服务氛围进行定义，认为服务氛围是员工个体对于组织在多大程度上重视优质服务的感知和评价；另一种观点则强调服务氛围组织层面的属性，认为服务氛围是经过组织活动过程形成的一种组织情景或组织的内部环境，是组织区别于其他组织的特性，独立于个体的主观感知存在。本书采用 Schneider（1993）的概念，认为服务氛围是指员工对组织对服务质量强调程度的共享感知，即对组织要求、奖励及支持服务行为的政策、管理和措施的共享感知。

4.1.3 组织情境

本书中的组织情境是指由支持服务工作行为的基础因素（Foundation Issues）构成的组织情境（Schneider，1998）。具体是指组织为员工有效完成服务提供的资源、培训、管理、辅助措施等方面构成的情境。服务氛围建立在其基础之上（Schneider，1998），包含两个方面：一是部门间支持（Interdepartment Service）；二是整体便利程度（Work Facilitation），包括组织消除工作障碍的各种努力、领导行为、人力资源管理措施（Schneider 和 Bowen，1993）[①]。

4.2　组织情境对服务氛围的影响

以往的研究指出，服务组织应将战略重点放在顾客为导向的价值上，以提高组织盈利能力（Narver 和 Slater，1990），但顾客导向不应该仅作为组织发展的前提，而应该是切实有效的，组织的服务导向应被员工感知和共享。当顾客导向的价值成为感知得到的氛围时，有效性才得以增强。组织内部相关部门的支持（Reynoso 和 Moores，1995；Schneider 和 Bowen，1995）通过培训等职能提供服务所需能力（Schneider 和 Bowen，1993），服务员工才能将优质的服务交付给服务的最终使用者——消费者，员工尤其是关键员工（如一线员工），参与到组织重视服务的情境中并形成共享感知，才能形成服务氛围（Yoon 等，2001），从而形成服务组织优质服务的核心（Little 和 Dean，2006）。

本书基于服务氛围的共享感知定义以及组织情境的内涵提出如下假设：

H1：组织情境对服务氛围有正向的影响。

---

① Schneider, Benjamin, Susan S. White and Michelle C. Paul. Linking Service Climate and Customer Perceptions of Service Quality: Test of a Causal Model ［J］. Journal of Applied Psychology, 1998, 83（2）: 150 – 163.

4.2.1　整体便利程度与服务氛围

一线员工在提供服务时往往需要一些硬件设备的支持，如果组织能够提供先进的设备来供员工使用，那么将减少员工的工作难度并提高工作效率，进而提高服务的质量。一线员工就会认为组织是重视服务的，愿意为了服务而进行投入。

领导行为是创造与保持服务氛围的关键。服务氛围在服务交付管理的支持下形成。支持的重要来源之一是领导者/主管，他们在向员工传达服务承诺和保证员工服务交付质量方面发挥着关键作用（Salvaggio 等，2007）。

以往的研究分析了服务氛围与一般领导行为之间的关系，如有效型领导（Hui 等，2007）和变革型领导（Liao 和 Chuang，2007）。

有效型领导进行任务导向的、人员导向的活动，设计很高的绩效（包括提供优质的服务），鼓励和授权员工实现这些目标，提供公平的回报以加强积极的行为（Hui 等，2007）。变革型领导进行"阐述美好的顾客服务愿景、激发员工赢得顾客忠诚的热情与乐观、担当员工服务中的魅力角色典范，鼓励服务顾客的新方式、认可员工的个人需求和贡献"（Liao 和 Chuang，2007）等都有助于形成较好的服务氛围。研究显示，在团队层面，变革型领导与服务氛围积极相关（Hur、van den Ber 和 Wilderom，2011）。

基础型领导的、持续的管理和细节会创造积极和强烈的服务氛围。领导者如果能够兑现提高服务质量的承诺，会创造良好的服务氛围。研究显示，基础型持续管理和无尽细节会创造积极和强烈的服务氛围（Salvaggio 等，2007；Schneider 等，2005），兑现的途径包括：设立服务质量标准；推崇、认可服务；为员工清除实现服务行为的障碍；以身作则、确保服务所需资源的可获得性。上述基础型领导行为与变革型领导行为相比看似平凡，但 Heskett 等（1994）发现，其研究的领导秉承一个独特的领导力观点，即强调富有远见和"平凡的重要性"：在平凡的管理任务（如商店推销、管理时间、开业/闭店流程）中管理者拥有更多满意的顾客（Netemeyer、Maxham 和 Lichtenstein，2010）。

与一般领导行为可以通过不同战略发挥作用不同，服务导向的领导行为专注于"认可和奖励优质服务，消除服务交付中的障碍，为服务质量设立清晰的标准"，重视顾客投入（Schneider 等，2005）。

服务导向的领导行为向员工明确重视优质服务的期望与奖励，确保员工拥有交付优质服务的自主权和足够的支持。Schneider（1992）定性分析了热情服务的构成因素，发现员工感知到服务支持，如经理对服务交付的关注和顾客投入与服务热情最密切相关。Schneider（2005）验证了领导的服务关注行为对群体服务氛围有着重要的影响。另外，Salvaggio 等（2007）的研究显示，领导的服务质量导向调节其核心自我评价特点对服务氛围的影响。领导可以传达理解顾客和获取顾客回报的要求，这也有助于对服务的重视。领导对获取顾客投入的强调和服务交付的关注与员工对服务热情的感知密切相关（Schneider 等，1992）。

领导对服务氛围的影响不局限于正式的领导。非正式的领导，如银行的舆情领导（随机选拔的出纳员），通过提高服务质量（或服务态度）可以显著改善组织其他成员工作的有效性，无论是从员工角度还是从顾客角度对有效性进行的统计结论都成立（Lam 和 Schaubroeck，2000）。

组织情境中人力资源管理制度集合（Packages or Bundles of HRM Practice）决定了组织氛围，服务氛围亦然。

尽管绩效导向的人力资源管理通常不是服务质量导向，但是会通过提高对员工绩效的整体期望与服务氛围联系在一起。首先，通过人力资源管理整合与绩效相关的组织因素，组织激励员工追求高绩效目标。其次，为高绩效提供授权和支持。允许自我管理和弹性工作鼓励员工自发交流和解决问题（Seibert、Silver 和 Randolph，2004），因此，逐渐形成一种服务氛围（De Jong 等，2004；De Jong、De Ruyter 和 Lemmink，2005）。Salanova 等（2005）发现，组织支持如培训和自治对员工工作授权和服务氛围有预测作用。有利于提高工作绩效的工作属性，对员工为顾客创造愉快体验也非常重要（Schneider 和 Bowen，1993）。最后，人力资源管理如招募与甄选、社会化、奖励和惩罚等能够建立员工执行组织鼓励行为的预期，如出勤、保留意愿、组织公民行为（Kehoe 和 Wright，2010）。这些措施共同向员工传达组织对员工绩效期望的信息。

绩效导向的人力资源管理注重选择性聘用、广泛的培训、绩效评估、绩效报酬。服务导向的人力资源管理则不同，甄选和培训以服务技能为目标，绩效评价与奖励建立在卓越服务效果的基础上。

Susskind、Kacmar 和 Borchgrevink（2003）发现，在服务交付标准明确的组织中，员工支持感更强，顾客导向性更高。同样，服务质量培训、决策制定中的员工参与、对优质服务的认可与奖励都与团队服务绩效和服务质量的顾客满意度密切相关（Johnson，1996；Liao 和 Chuang，2004）。Chuang 和 Liao（2010）发现，重视服务质量的综合绩效管理工作制度（包括服务能力筛选与培训、绩效评价、服务质量激励以及授权和决策参与），对团队形成以顾客为中心的氛围有积极影响。

按照人力资源系统强度的概念（Bowen 和 Ostroff，2004），服务导向的人力资源管理比绩效导向的人力资源管理传递了一种更"充分和清晰"的、组织对高服务质量的期望与奖励的信息，在明确性、连贯性和一致性方面的强度更大。首先，服务导向的人力资源管理为员工提供了一个更明确的组织情境。例如，服务导向的人力资源管理的绩效标准和培训重点有翔实的服务质量信息，比绩效导向的笼统的绩效期望更加明确和易于理解。激励和支持员工为顾客提供不同的优质服务，增强了员工对组织服务战略的认知。其次，组织增加 HR 投入，以此作为提高服务质量的一项手段，表明组织对通过人力资源管理来提高服务交付质量的重视和信任，因此员工对服务交付中其权力合法性的认知要高于一般的绩效导向 HRM 系统。再次，服务导向的人力资源管理传递了一种更加连续的重视服务质量的信息。在人员甄选、人力资源开发、评价与奖励等方面对服务技能的重视显示了组织支持服务质量的一致性和有效性，而绩效导向的人力资源管理中不同职能部门传递的信息可能存在分歧。最后，服务导向的人力资源管理要求决策者在制定战略和目标等方面保持对重视服务质量的一致性，这有利于培育员工在服务质量认知方面的一致性（Bowen 和 Ostroff，2004）。

基于以上论述，本书认为组织情境中整体便利程度越高，服务氛围的积极程度就越高，提出如下假设：

H1 – a：整体便利程度对服务氛围有正向的影响。

4.2.2　部门间支持与服务氛围

Schneider（1980）早期的服务氛围研究发现人力资源管理以外的组织职能影

响服务氛围，例如下列题项："人事部门送来的员工不能很好地完成工作""营销部门对我们进行了很好的准备，为了介绍新产品和服务""分行的设备和机器运转良好很少发生故障"。服务人员从各职能部门（如 IT、人力资源管理）接受的部门间支持直接影响其服务氛围感知（Schneider，1998）。在服务企业中，服务的提供者是一线员工，因此一线员工的服务是最重要的因素，但是员工完成服务通常需要借助一定的工具、设备或技术支持才能有效提供良好的服务，如在医疗行业，需要一些医疗设备；对于银行业来说，计算机、通信技术和网络等硬件设施也至关重要。因此，一线员工的有效服务需要来自组织内部多个部门的支持，凌文辁等（2006）发现，在中国情境下员工的组织支持感包括工作支持，因此提出以下假设：

H1－b：部门间支持对服务氛围有正向的影响。

4.3　服务氛围对情绪劳动的影响

社会信息加工理论认为，个体的适应性决定了个体的行为会适应其所在的社会情境，通过对所处社会环境及信息的关注，个体会令其行为与社会情境（Social Context）相适应。在工作情境中，氛围是员工对如何与工作情境联系以及工作中适宜的态度和行为的共享认知。氛围是环绕员工的一种气氛，提供了员工合理化和调整工作的各种线索、形式和预期，不仅可以使员工在工作中表现出恰当的工作行为，而且使员工有能力克服来自工作情境中各种不利于工作的干涉信号。

服务氛围是指员工对组织关注顾客服务质量的职能、流程和行为的共享感知（Schneider，1990），这些感知令员工了解哪些行为会受到组织的奖励、支持以及哪些行为是组织期望其在向顾客交付服务时完成的（Schneider，1998）。服务氛围的形成有赖于培训、管理、相互支持的同事以及移除服务交付中的障碍等支持性资源与便利条件（Schneider 和 Bowen，1993）。这些重视服务质量的组织职能有助于在员工中培育情绪表达的规则和形式，也就是哪些情绪应该表达，哪些情绪应该抑制（Ashforth，1993；Morris 和 Feldman，1996；Rafaeli 和 Sutton，1987）。因此，组织奖励和期望员工的服务情感行为也是服务氛围传递的信号之一，可以假设，服务氛围会导致员工的情绪劳动。

服务氛围形成的员工认知地图可以提高对员工的情绪劳动激励[①]。James、Hartman、Stebbins 和 Jones（1977）将心理氛围与工作激励的 VIE 模型（Valence – Instrumentality – Expectancy Model）联系起来，发现个体将对环境的特定认知形成了认知地图，这一认知地图是个体确定期望及实现手段的情境因素的主要来源。他们发现心理氛围与实现手段和效价措施有显著共变关系，与期望有显著相关关系。在服务情境中，Kelley（1992）研究了服务氛围与员工顾客导向间的因果关系，发现高服务氛围可以提高员工的激励导向因素，使员工有表现良好服务行为的倾向。综上所述，当员工感知到高服务氛围的存在时，会相信积极的情绪调节策略、情绪表达行为可以带来理想的成果，因此会进行情绪劳动，并采用情绪劳动策略。

Rafaeli 和 Sutton（1987）提出，员工置身于强调情绪表达的社交项目（Socialization Programs）中时，会更有可能表达适宜的情绪。Ashforth 和 Humphrey（1995）提出了类似的观点，即社交项目在影响员工表达的情绪方面有重要作用。Rafaeli 和 Sutton（1987）提出奖励和惩罚的运用会诱导员工表达适宜的情绪，员工由于想要更多的奖励（如现金、奖金和赞扬）会保持积极的情绪表达。Sutton（1991）直接研究了上述现象的原因。运用不同的社交项目如员工手册和同行观察可以有效帮助收账员表达适宜的情绪，组织管理者可以使用电脑设备指导收账员表达适宜的情绪，对员工进行相应的赞扬和批评。Tsai（2001）指出，员工的服务友好心理氛围有利于积极的情绪表达。

综上所述，员工对组织情境中服务重视程度的感知可以使员工在工作中进行适宜的情绪表达行为，即情绪劳动。因此，本书提出以下假设：

H2：服务氛围会影响员工的情绪劳动。

服务氛围明确了集体环境中鼓励与褒奖的态度和行为，员工的态度与行为会跟随对服务氛围的共享感知。集体环境中员工展现的共同态度和行为会塑造团队

---

① 范丽群，石金涛等．国外组织气氛研究综述［J］．华东经济管理，2006，20（1）：100 – 103.

中互动的常规模式（Schulte、Ostroff、Shmulyian 和 Kinicki，2009）。组织对服务的高度评价与预期鼓励员工承担起他们工作的意义；因此，他们会更加享受自己的工作。当员工被吸引、选中或选择留在积极服务氛围的集体环境中时，他们会更加认同组织的价值并对组织做出承诺。Ashforth 和 Humphrey（1993）指出，对组织认同的个体，当遵行包括表达规则在内的角色期望时，情绪感受更加趋于真实。也就是说，组织认同的个体可能会更多地进行深层扮演或自主调节，而较少表层扮演。

Rafaeli 与 Sutton（1987）提出，通过社会化学习、甄选程序与奖励和惩罚可以使组织创造和维持标准，有利于员工对表达规则的理解。Rafaeli 和 SuRon（1989）的研究表明，除了组织标准，社会关系和职业原因也是员工知觉表达规则的有效途径，因此积极的服务氛围有利于员工更好地理解组织的情绪表达规则。Diefendorff（2005）等发现积极的表达规则与深层扮演呈正相关，消极的表达规则与表层扮演呈正相关。

综上所述，组织的服务氛围的积极性程度越高，员工进行深层扮演和自主调节的可能性越高，进行表层扮演的可能性越低。因此，提出如下假设：

H2 - a：服务氛围对表层扮演有负向的影响。

H2 - b：服务氛围对深层扮演有正向的影响。

H2 - c：服务氛围对自主调节有正向的影响。

4.4　员工个体变量对服务氛围与情绪劳动关系的影响

如上所述，服务氛围是员工对组织在服务生产、交付、消费过程中对服务质量强调程度的共享认知，员工通过对组织中的事件、管理和流程的体验和理解组织鼓励、支持、期望的行为类型形成这种认知，通过对组织情境的感知形成服务氛围的共享认知。在员工对组织情境的感知过程中，性别、年龄、文化程度、工作年限等个体差异会影响其认知。勒温（K. Lewin）（2003）在物理—心理场的理论中进一步研究了心理环境问题，并用公式表示行为与情境的关系：

B = （P，E）

其中，B 为行为，P 为个体，E 为情境；三者为函数关系。

可见个体对具体环境的定义影响个体的行为，情境因素的认识中个体因素发挥重要作用，因此员工的个体差异如性别、年龄、文化程度、工作年限等可能对服务氛围感知存在显著差异[①]。

员工对组织情境重视服务程度的感知过程中，不同的组织情境，如不同规模的部门，员工对服务氛围的感知会存在差异。Dietz 等（2004）指出，团队或工作小组的服务氛围更准确反映了员工的共享认知，而分行或门店的服务氛围更多是针对组织鼓励和期望的服务行为的政策和职能的，因此在不同规模的组织中员工对服务氛围的感知存在显著差异。

Diefendorff 等（2005）和 Gosserand 和 Diefendorff（2005）指出，个体因素是影响情绪劳动的重要因素。在众多个体变量中，EI（Grandey，2000；Wong 等，2005）和情绪易感性（Affectivity）（Gosserand 和 Diefendorff，2005；Grandey，2000；Rubin 等，2005）会对情绪劳动产生影响，相应会影响员工的健康和工作产出。

首先是性别差异。从性格特点上来看，女性善于诉说与表露情绪，在情绪上容易得到宣泄，有利于情绪的表达与调节。男性则不善于表露内心感受与表达情绪，更为内敛，因此情绪宣泄以及情绪调节的效果可能不及女性。另外，深层扮演策略不仅要对外表达情绪，而且也需要对内心情感体验进行调节以使两者达到一致；自主调节则是一种情绪自主体验的过程。也就是说，这两种情绪劳动策略都需要较多的情绪调节和情绪体验的过程，因此性别差异可能对深层扮演、自主调节存在显著差异。

其次是年龄差异。已有研究表明，人类个体的自我调控不是先天具有的，而是在长期的实践活动中逐渐形成、不断发展完善起来。因此，年龄可能对深层扮演、表层扮演和自主调节存在显著差异。

同时，对于年轻、资历浅、年薪较低的员工而言，由于职业新鲜感尚在，他

---

① 范丽群，石金涛等. 国外组织气氛研究综述［J］. 华东经济管理，2006，20（1）：100 – 103.

们采用深层扮演和自主调节的可能性较大；相对地，年长及资深的服务员工因长期工作，有服务行为形式化的倾向，更多采用表层扮演的行为；另外，文化程度高的员工、管理人员则可能对组织的认同感更强，更愿意按照组织的要求表达工作中的情绪，可能会更多地采用深层扮演和自主调节，较少表层扮演。因此，年龄、性别、工作年限、收入水平、文化程度、工作职务对深层扮演和自主调节、表层扮演可能存在显著性差异。综上所述，员工服务氛围与情绪劳动之间的关系会因个体变量存在差异，个体变量会对服务氛围与情绪劳动之间的关系造成影响，个体变量在两者之间发挥调节效应，因此，本书提出以下假设：

H3：个体变量对员工服务氛围与情绪劳动关系有调节效应。

H3 – a：年龄对员工服务氛围与情绪劳动关系有调节效应。

H3 – b：性别对员工服务氛围与情绪劳动关系有调节效应。

H3 – c：工作年限对员工服务氛围与情绪劳动关系有调节效应。

H3 – d：收入水平对员工服务氛围与情绪劳动关系有调节效应。

H3 – e：文化程度对员工服务氛围与情绪劳动关系有调节效应。

H3 – f：工作职务对员工服务氛围与情绪劳动关系有调节效应。

H3 – g：部门男女比例对员工服务氛围与情绪劳动关系有调节效应。

H3 – h：部门规模对员工服务氛围与情绪劳动关系有调节效应。

4.5 服务氛围、组织情境对情绪劳动的影响

服务氛围作为员工对组织关注顾客服务质量的共享感知，是对组织情境也就是组织提供的有效完成服务的资源培训、管理及辅助措施等方面的重视程度的感知。以组织情绪表达规则为代表的组织情境因素有助于员工理解组织对其情绪劳动的期望，但感知到组织的重视与知觉到表达规则相比，前者无疑更为重要。也就是说，服务氛围对情绪劳动的影响强于组织情境因素对员工情绪劳动策略的影响，因此，本书提出以下假设：

H4：服务氛围在组织情境与情绪劳动之间发挥中介效应。

综合上述分析，本书提出组织情境、服务氛围影响情绪劳动的概念模型。影响员工服务氛围共享感知的组织情境因素氛围分为两个构面：部门间支持与整体便利程度。情绪劳动分为表层扮演、深层扮演、自主调节三种策略，性别、工作年限等员工个体变量在组织情境与服务氛围、服务氛围与情绪劳动的关系中发挥着调节作用，具体概念模型如图4-1所示。

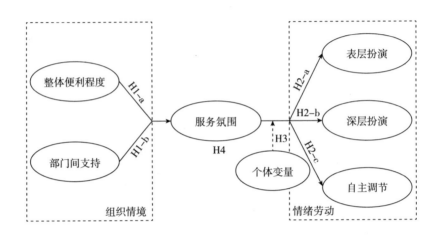

图4-1　服务氛围与情绪劳动关系的概念模型

第5章 研究设计

5.1 变量定义与测量项目

5.1.1 组织情境

本书中的组织情境是指支持服务工作行为的基础因素构成的组织情境（Schneider，1998）。服务氛围建立在组织为员工有效完成服务提供的资源、培训、管理、辅助措施等方面构成的情境基础之上（Schneider，1998）。包含两个方面：一是部门间支持；二是整体便利程度，包括组织消除工作障碍的各种努力、领导行为、人力资源管理措施。

组织情境采用 Schneider（1998）的量表，测量了产生服务氛围的组织情境的5个维度，其中4个维度（4个条目）涉及服务工作的整体便利程度，包括领导、合作、计算机支持和培训；经验证性因子分析这些维度可以归纳为一个因素，整体便利程度；1个（3个条目）维度指组织内部各部门之间相互服务的程度，被称为部门间服务。量表的测量条目如表5-1所示。

5.1.2 服务氛围变量

Schneider 等（1998）提出，服务氛围指员工对组织要求、奖励、支持服务

表 5 - 1　组织情境量表

维度	条目
整体便利程度	我的主管会回应我的指导和帮助请求
	我所在部门拥有工作所需的计算机工具和资源
	我所在部门的员工可以或已经掌握了工作所需的产品及相关政策的信息
	我所在部门的员工经常接受介绍新产品、新服务的培训
部门间支持	给我最大支持的部门的员工有丰富的工作知识
	给我最大支持的部门为我提供的整体服务质量很高
	给我最大支持的部门的员工有很强的合作精神

工作和服务行为的政策、管理措施和程序的共同看法。具体而言，服务氛围是员工对组织在服务生产、交付、消费过程中对服务质量强调程度的共享认知，员工通过对组织中的事件、管理和流程的体验和理解组织鼓励、支持、期望的行为类型形成这种认知。Lytle（1998）则把服务氛围定义为优质服务提供支持的组织政策和行为惯例。在概念层面服务氛围的定义有两种不同的观点（张若勇，2008）：一种观点从员工个体感知的角度对服务氛围进行定义，认为服务氛围是员工个体对于组织在多大程度上重视优质服务的感知和评价；另一种观点则强调服务氛围的组织层面的属性，认为服务氛围是经过组织活动过程形成的一种组织情景或组织的内部环境，是组织区别于其他组织的特性，独立于个体的主观感知存在。本书采用 Schneider（1993）的概念，认为服务氛围是指员工对组织对服务质量强调程度的共享感知，即对组织要求、奖励及支持服务行为的政策、管理和措施的共享感知。

服务氛围量表采用服务氛围研究中使用广泛的 Schneider 等（1998）量表，Chuang 和 Liao（2010），de Jong、RuyterLemmink（2004），Dietz、Pugh 和 Wiley（2004），Schneider 等（2009b）、凌茜等（2010）、张若勇等（2008）、郭斌（2005）等均使用该量表对服务氛围进行了研究，在其基础上整理设计，包括 7 个条目，衡量组织的整体服务氛围。如表 5 - 2 所示。

表 5 - 2　服务氛围量表

维度	条目
整体服务氛围	我所在部门的员工具备提供优质工作和服务的专业知识和技能
	我所在部门对工作和服务质量的考核和追踪体系十分完善
	我所在部门对提供优质服务的员工会给予肯定和奖励
	我所在部门的总体服务质量很好
	我所在部门的管理层在提高服务质量方面的能力很强
	我所在部门的员工与顾客的沟通效率很高
	我所在部门为员工交付优质服务提供了很好的工具、技术和其他资源

5.1.3　情绪劳动变量

Hochschild（1983）在《情感管理的探索》中提出了情绪劳动的概念，即员工通过管理自己的情感来建立一种公众可见的表情和身体展示，从而获得报酬的一种劳动方式。Ashforht 和 Humphrey（1993）则把情绪劳动定义为员工根据情绪展示规则而表现适当情绪的行为。前者强调内在调节过程，后者强调情绪表达行为（Emotion Display）。在情绪劳动的过程中，员工按照组织情绪表达规则对情绪进行管理以表现出符合组织要求的行为，员工的自我感受和情绪反应同时发生着变化。因此，Diefendoff 和 Gosserand（2003）在 Ashforht 和 Humphrey（1993）的基础上将情绪劳动定义为：为了响应组织有关情绪表达规则（Emotional Display Rules）以完成组织工作任务而对个人情绪表达（Emotional Display）进行管理的过程。本书采取 Diefendoff 等（2003）的定义，认为情绪劳动是员工为达到组织规则完成工作任务而对情绪表达进行管理的过程。

情绪劳动量表采用 Diefendorff 等（2005）的量表，该量表在情绪劳动研究中应用较为广泛，黄敏儿（2010）、李明军（2011）等采用此量表对情绪劳动进行了分析。量表由 14 个条目组成，其中 7 个条目测量表层扮演，4 个条目测量深层扮演，3 个条目测量自主调节。测量表层扮演的 7 个条目中，5 个采用 Grandey（2003）的情绪劳动量表中的表层扮演维度，2 个条目采用 Kruml 和 Geddes（2000）的情绪失调的维度，Kruml 和 Geddes（2000）将情绪失调定义为"个体情绪表达与自身情感的差异程度"，在概念上与表层扮演类似。量表的测量条目如表5-3所示。

表5-3　情绪劳动变量

维度	条目
表层扮演	工作时表现出适当的情绪，对我而言如同演戏一样
	当与客户/顾客接触时，我假装有好心情
	与客户/顾客接触时我采用"秀"一下或者表演的方式
	我仅仅是假装拥有工作中需要表现的情绪
	为了表现特定的表情，我会戴上"面具"
	我对客户/顾客表现的情绪与内心感受不同
	面对客户/顾客时我假装表现出工作所需要的情绪
深层扮演	我尝试去实际体会我应向客户/顾客表现的情绪
	我努力去实际感受需要对别人表达的情绪
	我竭尽全力去感受需要对客户/顾客表现的情绪
	我致力于从内心调动应该对客户/顾客表现的情绪
自主调节	我对客户/顾客表现的情绪是真实的
	我对客户/顾客表现的情绪是自然流露的
	我对客户/顾客表现的情绪与我当时的感受一致

5.2　调查设计

5.2.1　调查问卷设计

本书在实证过程中的数据是通过调查问卷形式获得的，为了能够获得有效的信息，又要使得填答者清晰易懂，遵循以下原则：① ①在问任何问题之前，要简短说明谁在做研究、目的是什么、填答问卷所花实践、要求填答者如何合作。②先问简答、有趣的问题。③将同一主题的题目放在一起，才不会让填答者有过于凌乱之感。④就某一主题而言，先问一般性问题，再问特定性问题。⑤敏感性问题、识别性的问题放在问卷的尾端。

在文献研究和个人访谈的基础上，完成了对调查问卷的初步设计。然后，请管理学研究生和专家仔细阅读，认真审核综合来自各个方面的反馈意见，对问卷进行了多次修改。在调查实施以前，选取了30名银行员工进行预测，其中包括1名部门主管，经由他的经验与职业敏感问卷作了一些表达上的调整，根据30名员工的回答，获得了判断问卷内容是否恰当、有无位置偏差现象、问题的尺度是否合理、条目是否容易回答等内容的初步印象和第一手资料，还发现了一些受试者不易理解的问项。根据这些信息，我们在题项的次序、适当形式、表达等方面进行了修改，最终形成了调查问卷，共包括38个题项（见附录）。

5.2.2 调查行业选择

本书的调查行业包括银行、销售、零售、餐饮服务、旅游服务等行业。这些行业共同的特点是：

第一，产品的服务属性明显，无形性较高。上述行业为顾客提供的产品多以服务为主，即使提供有形的产品，服务也是商品附加值的重要组成部分。在服务销售工作中员工的情绪劳动比较常见，也是组织对员工的要求，因此上述行业也是情绪劳动的研究者研究较多的行业。

第二，企业对员工有明确的服务要求。企业明确的服务要求无论对员工理解组织服务氛围还是对情绪劳动表达规则的认知都具有积极影响，使得调查组织具有更高的代表性和有效性。

第三，员工之间的社会交往较多。服务氛围强调员工之间的服务认知共享，员工之间的交往互动、交流有利于服务氛围的形成和识别。

---

① 荣泰生. SPSS 与研究方法［M］. 重庆：重庆大学出版社，2010.

5.2.3 问卷的发放、回收

本书针对上述调查行业以沈阳地区为主选择了3家银行、4家旅游企业、3家销售企业、1家零售企业和1家服务企业的一线服务员工为对象进行问卷调查，通过电话与电子邮件的方式与企业组织联系，取得认可和配合后发放问卷。发放的方式为委托主管或内部人员代为发放，向发放人交待注意事项，强调调查对象必须为与顾客直接接触的一线服务员工。问卷以纸质问卷为主，少数电子问卷通过电子邮件返回。总共发放610份，三周后回收562份。其中未完成5份，废卷109份，有效回收率为79.72%。废卷剔除的标准：大量漏选、多数题项答案相同、出现明显规律性答案（如一面问卷答案相同、"Z"字形答案）。

产生无效废卷的原因有：第一，调查对象不愿配合调查，部分组织采取将问卷交由部门主管负责，个别调查对象配合度较差，出现乱答（如规律性作答及故意漏掉个别选项）的情况。第二，一线员工工作强度较大，在作答时间没有保障的情况下匆忙作答，题项选择答案相同。第三，部门成员之间抄袭答案。个别部门出现相邻调查对象答案相同情况尤其是服务氛围选项。

5.3 数据处理方法

本书计划在调查问卷的基础上，对获取数据进行结构方程分析，验证提出假设，构建服务氛围与情绪劳动关系的概念模型。因此需要对所获取的数据进行以下分析：描述性统计分析、信度、效度分析、验证性因子分析、结构方程模型分析。主要运用统计分析软件SPSS18.0和结构方程分析软件AMOS21.0进行数据统计和结构方程拟合检验，具体方法如下：

首先，对调查问卷获取数据采用SPSS软件进行描述性统计分析、独立样本T检验、方差分析。对数据信息进行初步处理，分析样本特征、变量特征以及个体差异对各变量的影响。然后对数据进行信度效度分析，检验问卷的信度是否达到（α = 0.70）的可接受水平以及问卷的内容效度和建构效度，在确认了问卷项目的异质性、可靠性、一贯性和稳定性，准确测量了所要评价的变量和主题后进行后续分析。

其次，采用结构方程模型对服务氛围与情绪劳动的关系假设进行检验。首先对问卷条目进行验证性因子分析（Confirmatory Factor Analysis，CFA），考察各测量项目在中国情境下的一致性，检验测量模型的适用性。接下来对模型的结构适配度进行检验，评价模型潜在变量的组合信度和平均方差提取量检验模型的结构效度。然后检验模型的整体适配度，通过模型的拟合参数检验模型对数据的解释结果，通常选取以下指标：卡方与自由度比值、RMSEA、CFI、NFI、GFI、SRMR 等。通过路径系数验证假设是否成立。

最后，利用 AMOS 软件的直接效应及间接效应分析检验服务氛围的中介效应。利用分组检验个体变量对服务氛围与情绪劳动关系的调节效应。

第6章 服务氛围对情绪劳动影响分析

6.1 样本统计及信度效度分析

6.1.1 样本分布

（1）从年龄分布来看（见表 6 – 1），20 岁以下的受访者人数为 15 人，占受访总人数的 3.3%；20 ~ 25 岁的受访者人数为 104 人，占受访总人数的 23.2%；25 ~ 30 岁的受访者人数为 142 人，占受访总人数的 31.7%；30 ~ 35 岁的受访者人数为 104 人，占受访总人数的 23.2%；35 ~ 40 岁的受访者为 40 人，占受访总人数的 8.9%；40 ~ 45 岁的受访者人数为 26 人，占受访总人数的 5.8%；45 岁以上的受访者人数为 17 人，占受访总人数的 3.8%。从上述分布情况，可以看出受访者以 20 ~ 35 岁的青年为主，比例高达 78.1%。从事服务工作的一线员工工作强度大和时间比较长，需要与顾客进行面对面的情绪劳动，全面细腻的工作使得长期从事工作的人员难以为继，导致了服务一线员工年轻化。

（2）从性别方面来看，男性为 148 人，占总数的 33%；女性为 300 人，占比为 67%。从中可以看出，服务人员中男性的比例明显低于女性，这是由职业性质和我国传统的文化观念共同决定的，传统观念认为服务工作适合女性，但现在这种观念已经逐渐改善，服务人员中男性所占比例逐步提高，从本次调查来看，有些企业组织部门（如银行、汽车销售）中男性服务人员比例超过女性。

表 6 - 1　样本分布

样本	类别	人数	比例（%）
年龄	20 岁以下	15	3.3
	20 ~ 25 岁	104	23.2
	25 ~ 30 岁	142	31.7
	30 ~ 35 岁	104	23.2
	35 ~ 40 岁	40	8.9
	40 ~ 45 岁	26	5.8
	45 岁以上	17	3.8
性别	男	148	33
	女	300	67
文化程度	大专以下	25	5.6
	大专	191	42.6
	大学本科	211	46.9
	硕士及以上	21	4.7
工作年限	不满 1 年	81	18.1
	1 ~ 3 年	139	31
	4 ~ 6 年	93	20.7
	7 ~ 10 年	33	7.2
	10 年以上	102	22.8
工作职务	一般员工	334	74.8
	一般管理人员	82	18.3
	中高层管理人员	32	6.9
月平均收入	2000 元以下	53	11.8
	2000 ~ 3000 元	138	30.8
	3000 ~ 4000 元	146	32.5
	4000 ~ 5000 元	68	15.2
	5000 元以上	43	9.6
公司男女比例	几乎全是男士	9	2
	男性占大多数	62	13.8
	男女各半	206	46
	女性占大多数	153	34.1
	几乎全是女性	18	4

样本	类别	人数	比例（%）
部门人数	10 人以下	95	21.2
	10~20 人	206	46
	20~50 人	106	23.7
	50~100 人	41	9.1

（3）从工作年限来看，工作未满 1 年的受访者为 81 人，占 18.1%；工作 1~3 年的受访者为 139 人，占 31%；工作 4~6 年的受访者为 93 人，占 20.7%；工作 7~10 年的受访者为 33 人，占 7.2%；工作 10 年以上的受访者为 102 人，占 22.8%。可以看出，受访者工作年限较为均匀，只在 7~10 年的人数较少。10 年以上的受访者占到了 22.8%，可能与调查对象中的银行、汽车销售、旅游事业单位有关，这些组织对服务人员的要求较高，待遇相应也较高，因此可能没有餐饮、零售等行业服务人员的高流失率，工作年限较短的问题。

（4）从工作职务来看，一般员工的受访者为 334 人，占 74.8%；一般管理人员的受访者为 82 人，占 18.3%；中层管理人员的受访者为 29 人，占 6.5%；高层管理人员的受访者为 2 人，占 0.4%。反映出服务人员往往处于一线，组织层级较低。一般管理人员，也就是服务人员的直接主管，从数据来看，也占有一定比例，说明服务企业中一般管理人员往往参与顾客服务。

（5）从收入水平来看，月均收入 2000 元以下的受访者有 53 人，占 11.8%；2000~3000 元的受访者有 138 人，占 30.8%；3000~4000 元的受访者 146 人，占 32.5%；4000~5000 元以上的受访者 68 人，占 15.2%；5000~8000 元的受访者 40 人，占 8.9%；8000 元以上的受访者有 3 人，占 0.7%。说明受访者的收入处于中等偏下水平。

（6）从公司男女比例方面来看，几乎全是男士的比例是 2%，男性占大多数的比例是 13.8%，男女各半的比例是 46%，女性占大多数的比例是 34.1%。可以从中看出，服务人员中男性的比例正在提高，进一步佐证了男女比例的调查结果；但从整体上看，女性在服务人员中的比例仍然较高。

（7）从部门人数方面来看，10~20 人的部门比例最高达到 46%，20~50 人的比例与 10 人以下的部门相当，分别为 21.2% 和 23.7%，50~100 人的部门比例很小，占 9.1%。说明被调查对象所在部门以中小部门为主。

6.1.2 各变量的描述性统计分析

（1）服务氛围。表 6-2 显示了被调查员工的服务氛围感知情况，分数最高为 5 分最低为 1 分，分值越高表示组织的服务氛围越好；反之，表示服务氛围越差。

表 6-2 变量的描述性统计分析——服务氛围

潜变量	观测变量	平均值	标准差	排序
整体服务氛围	SC4. 我所在部门的总体服务质量很好	3.92	0.948	1
	SC6. 我所在部门员工与顾客的沟通效率很高	3.82	0.982	2
	SC5. 我所在部门的管理层在提高服务质量方面的能力很强	3.80	1.026	3
	SC1. 我所在部门的员工具备提供优质工作和服务的专业知识和技能	3.80	1.094	4
	SC2. 我所在部门对工作和服务质量的考核和追踪体系十分完善	3.78	1.055	5
	SC7. 我所在部门为员工交付优质服务提供了很好的工具、技术和其他资源	3.67	1.087	6
	SC3. 我所在部门对于提供优质服务的员工会给予肯定和奖励	3.63	1.113	7

从表 6-2 中服务氛围各条目和表 6-3 中服务氛围的描述性统计分析可知：

表 6-3 调查项目合并后变量描述性统计

变量	最小值	最大值	标准差	合并项目数	项目均值
整体便利程度	1.24	6.18	1.03761	4	4.7570
部门间支持	1.13	5.66	1.03053	3	4.3078
组织情境	1.27	6.33	1.03617	7	4.8512
服务氛围	1.80	6.26	1.04233	7	4.7265
表层扮演	1.35	6.75	1.17464	7	3.3430

续表

变量	最小值	最大值	标准差	合并项目数	项目均值
深层扮演	1.20	6.01	1.11950	4	4.0320
自主调节	1.16	5.80	1.07930	3	4.0787

在 7 个选项中，选项 4 "我所在部门的总体服务质量很好" 得分最高，均值为 3.92，标准差为 0.948；选项 3 "我所在部门对于提供优质服务的员工会给予肯定和奖励" 得分最低，均值为 3.63，标准差 1.113，整体差距不大；得分较高的三个选项是：SC4 "我所在部门的总体服务质量很好"、SC6 "我所在部门员工与顾客的沟通效率很高"、SC5 "我所在部门的管理层在提高服务质量方面的能力很强"。整个服务氛围得分较高，均值为 4.4265，标准差 1.04233。

上述结果说明被调查员工服务氛围的感知程度较高且整体差异不大，员工对部门服务质量、沟通效率和管理层能力等方面的感知较为明显，对部门奖励的感知较弱。也就是说被调查者所在组织普遍令被调查者感受到了积极的服务氛围，在服务质量、沟通效率和管理层能力方面感知尤为强烈，但组织对员工服务质量的肯定与奖励可能有待提高，企业对于服务质量的重视程度可能更多体现着服务标准的制定、推行，服务管理的加强，对于相应的员工奖励肯定方面存在缺陷。

（2）组织情境。表 6-4 显示了被调查员工所在组织的组织情境情况，包含整体便利程度和部门间支持两个分量表，分数最高为 5 分，最低为 1 分，分值越高表示组织的组织情境状况越好；反之表示组织情境的状况越差。表 6-3 显示了组织情境、服务氛围、情绪劳动三个变量的调查项目进行合并后的得分情况。其中，组织情境包括整体便利程度和部门间支持两个方面。情绪劳动分为表层扮演、深层扮演和自主调节三个维度。

从表 6-4 中组织情境各条目的整体便利程度、部门间支持及组织情境的描述性统计分析中可知：

14 个选项中，整体便利程度选项 F2 "我所在部门拥有工作所需的计算机工具和资源" 得分最高，均值为 3.96，标准差为 1.03；整体便利程度中的 F4 "我所在部门的员工经常接受介绍新产品新服务的培训" 得分最低，均值为 3.73，标准差 1.111，整体差距不大。

表6-4 变量的描述性统计分析——组织情境

潜变量	观测变量	平均值	标准差	排序
整体便利程度	F2. 我所在部门拥有工作所需的计算机工具和资源	3.96	1.030	1
	F3. 我所在部门的员工有途径掌握或已经掌握了工作所需的产品及相关政策的信息	3.86	0.979	2
	F1. 我的主管会回应我的指导和帮助请求	3.85	1.027	3
	F4. 我所在部门的员工经常接受介绍新产品新服务的培训	3.73	1.111	8
部门间支持	IS2. 给我最大支持的部门为我提供的整体服务质量很高	3.82	1.057	5
	IS1. 给我最大支持的部门的员工有丰富的工作知识	3.81	1.036	6
	IS3. 给我最大支持的部门的员工有很强的合作精神	3.80	0.994	7

组织情境得分较高,均值4.8512,标准差1.03617。部门间支持得分较低,整体便利程度得分高于部门间支持,均值分别为4.7570和4.3078。

上述结果说明:被调查员工所在部门的服务组织情境的整体差异不大,组织情境中,组织提供的服务支持性资源、服务信息获取以及主管领导行为较多,新产品/服务的培训较少;整体便利程度较好,部门间支持较弱。也就是说服务企业的组织情境在服务方面的表现普遍较好,尤其是提供的支持性资源及主管支持等方面做得较好。比较而言,组织情境的整体便利程度方面比部门间支持方面更好一些,部门支持表现较弱,员工从其他部分获得的支持感较差。

(3)情绪劳动。表6-5显示了被调查员工的情绪劳动策略选择情况,包含表层扮演、深层扮演和自主调节三个分量表,分数最高为5分,最低为1分,分值越高表示员工较多选择该种情绪劳动策略,分数越低表示员工较少选择该种情绪劳动策略。

从表6-5中情绪劳动各条目、表6-3中的表层扮演、深层扮演和自主调节的描述性统计分析中可知:

情绪劳动的自主调节得分较高,均值为4.0787,标准差为1.07930,表层扮演得分最低,均值为3.3430,标准差为1.17464,深层扮演居中。在情绪劳动的14个选项中,选项自主调节2"我对客户/顾客表现的情绪是自然流露的"的得分最高,均值为3.54,标准差为1.092;选项表层扮演3"与顾客接触时我采用'秀'一下或者表演的方式"的得分最低,均值为2.22,标准差为1.177。14个选项的差异较大。同时，表层扮演的各选项的标准差普遍大于深层扮演和自主调节，选项5、7、2"为了表现特定的表情，我会戴上'面具'""面对顾客时我假装表现出工作所需要的情绪""当与顾客接触时，我假装有好心情"的标准差最大分别为1.227、1.192、1.179，被调查员工在这几项的选择比较分散。表6-3中表层扮演的均值为3.3430，最大值为1.35，最小值为6.75，标准差为1.17464，在众变量中最大，说明表层扮演的选择答案数据的离散程度较大。

表6-5 变量的描述性统计分析——情绪劳动

潜变量	观测变量	平均值	标准差	排序
自主调节	自主调节2：我对客户/顾客表现的情绪是自然流露的	3.54	1.092	1
	自主调节3：我对客户/顾客表现的情绪与我当时的感受一致	3.52	1.050	2
	自主调节1：我对客户/顾客表现的情绪是真实的	3.50	1.090	3
深层扮演	深层扮演4：我致力于从内心调动应该对客户/顾客表现的情绪	3.40	1.139	4
	深层扮演3：我竭尽全力去感受需要对客户/顾客表现的情绪	3.40	1.129	5
	深层扮演2：我努力去实际感受需要对别人表达的情绪	3.37	1.124	6
	深层扮演1：我尝试去实际体会我应向客户/顾客表现的情绪	3.24	1.085	7
表层扮演	表层扮演7：面对顾客时我假装表现出工作所需要的情绪	2.82	1.192	8
	表层扮演6：我对顾客表现的情绪与内心感受不同	2.67	1.146	9
	表层扮演2：当与顾客接触时，我假装有好心情	2.59	1.179	10
	表层扮演5：为了表现特定的表情，我会戴上"面具"	2.47	1.227	11
	表层扮演1：工作时表现出适当的情绪，对我而言如同演戏一样	2.29	1.145	12
	表层扮演4：我仅仅是假装拥有工作中需要表现的情绪	2.28	1.149	13
	表层扮演3：与顾客接触时我采用"秀"一下或者表演的方式	2.22	1.177	14

上述结果说明，被调查者在工作中主要采用的是自主调节的情绪劳动策略，也就是表达的情绪是自然流露的，其感知的情绪表达与内心的情绪感受之间没有差别；也会采取深层扮演的方式；员工比较少采用表层扮演的策略，虚伪表演的情绪表达方式最少被采用。员工选择表层扮演的差异度很大，尤其是虚假表演方面的选择差异（与感知—感受差异相比）最大。

员工在工作中的情绪表达以自然流露、深层扮演为主，较少采用虚假扮演的方式。不同的员工之间是否采取表层扮演尤其是虚假表演的方式存在很大差异。自主调节和深层扮演员工表达的情绪与内心感受之间一致，需要较少努力；不似表层扮演存在失调的情况，需要付出较多的努力，符合资源保存理论的观点，即员工为保存在情感调节中所拥有的资源会更多选择自主调节和深层扮演。

6.1.3　信度效度分析

问卷信度是指个别变量测量的可信度，用来衡量结果的一致性、可靠性或稳定性，也就是研究者对相同或类似现象进行测量所得结果的一致程度。信度检验的方法主要有三种：再测信度、折半信度和 Cronbach's α 信度，Cronbach's α 信度在问卷调查中广泛使用，兼顾三个指标优缺点本研究选择 Cronbach's α 信度指标。根据 Nunnally（1978）的标准，α>0.9 为信度非常好，0.7<α<0.9 为高信度，0.35<α<0.7 代表中等信度，α<0.35 代表低信度。一般认为，社会科学研究信度 α>0.6 表示调查问卷题目的信度是可以接受的。通过软件 SPSS18.0 对问卷调查回收数据进行信度分析，各变量的 Cronbach's α 值如表 6-6 所示。

表 6-6　问卷的 Cronbach's α 信度测量

变量	维度	Cronbach's α	条目	信度等级
组织服务氛围情境	整体便利程度	0.822	4	高
	部门间支持	0.861	3	高
服务氛围	整体服务氛围	0.904	7	高
情绪劳动	表层扮演	0.862	4	高
	深层扮演	0.850	3	高
	自主调节	0.827	3	高

对所有变量的信度进行检验，各变量的检测维度的 Cronbach's α 系数为 0.822~0.904，均大于 0.8。说明问卷项目的一贯性、异质性、可靠性、再现性和稳定性都比较理想，显示了很好的内部一致性信度。

研究的效度检验通常从内容效度和建构效度两方面进行。内容效度（Content Validity）反映测量内容在多大程度上反映了所要测量的主题，如果调查问卷的题项设计包含了研究者所要评价的所有概念和内容，就可以认为问卷具有良好的内容效度。本书对服务企业服务氛围及员工情绪劳动的调查问项设计，采用的是被国内外学者在相关领域广泛使用的相关量表，结合对服务企业人员的深度访谈，并经过从业者与相关专业学者的认真审查，因此可以认为本书的调查问卷具有较好的内容效度。

建构效度（Construct Validity）是指测量工具能够测量理论或概念的程度。如果调查问卷包含两个或两个以上的构念，以及两个或两个以上的操作性定义，并探讨构念间及定义间的相互关系，建构效度反映了调查问卷是否能够对抽象概念进行测量或者推论。建构效度具体包含收敛效度（Convergent Validity）和区别效度（Discriminant Validity）。收敛效度考察周延性，即对原理论建构的理解是否充分；区别效度考察的是排他性问题，即是否能够将不相关的概念排除在外。

本书采用主成分分析的方法进行因子提取，用因子分析法选取特征值大于1的因子，并以方差最大旋转法（Varimax）将各个因子加以转轴，使变量的系数（即变量的因子载荷）向 0 ~ 1 两级分化。因子抽取的有效性指标选取 KMO，该系数越大，表示因子分析的有效性越高。

根据 Kaiser（1974）的要求，KMO 大于 0.6 是因子分析的最低要求；KMO 大于 0.8，表明项目间可以进行因子分析。如表 6 – 7 显示本书的因子抽取结果，KMO 为 0.917，高于 0.8，同时球形检定显著。因此，因素抽取结果具有很高的有效性。

表 6 – 7　测量项目因素抽取结果

测量项目		因子					共同度
		1	2	3	4	5	
表层扮演	1	0.632					0.462
	2	0.718					0.557
	3	0.705					0.609
	4	0.724					0.602
	5	0.754					0.613
	6	0.712					0.575
	7	0.710					0.594
深层扮演	1		0.442				0.686
	2		0.573				0.735
	3		0.572				0.711
	4		0.583				0.678

续表

测量项目		因子					共同度
		1	2	3	4	5	
自主调节	1		0.551				0.773
	2		0.503				0.781
	3		0.445				0.636
整体服务氛围	1			0.675			0.557
	2			0.756			0.691
	3			0.727			0.668
	4			0.694			0.666
	5			0.740			0.677
	6			0.697			0.656
	7			0.726			0.604
整体便利程度	1				0.692		0.519
	2				0.621		0.528
	3				0.697		0.615
	4				0.749		0.711
部门间支持	1					0.742	0.718
	2					0.755	0.717
	3					0.698	0.580

注：抽取方法：主成分分析，因素抽取 KMO 值为 0.917。

根据以往研究，因子分析的项目均共同度最好在 0.7 以上，但是如果样本数大于 250，则平均共同度在 0.6 以上即可（Kaiser，1974）。从表 6 - 2 的数据可以看出，问卷中各变量测量条目的共同度介于 0.462 ~ 0.781，平均共同度为 0.640，大于 0.6，鉴于本书样本数大于 250，因此从因子分析的结果可知问卷中的 29 个题项可以用 5 个因子解释，问卷具有较好的区别效度和收敛效度。

本书采用结构方程模型（Structrual Equation Modeling，SEM）对组织情境、服务氛围、情绪劳动之间的关系进行分析。结构方程模型分析需要根据相关基础理论构建模型，建立变量间的因果关系路径，然后采用软件，如 AMOS 或 LIS-REL 进行模型拟合分析。本书采用两阶段（Two - step Approach）结构方程模型分析。首先采用验证性因子分析（Confirmatory Factor Analysis）检验测量模型

（Measurement Model）的有效性，测量模型满足要求后，再进行第二阶结构模型
（Structural Model）和整体模型的适配度检验（Wisner，2003）。

6.2 不同员工的服务氛围感知、组织情境
评价和情绪劳动的差异

6.2.1 年龄

为了了解不同年龄阶段的服务员工在组织情境评价、服务氛围感知和情绪劳
动方面的差异，本书将员工年龄划分为 20 岁以下、20 ~ 25 岁、25 ~ 30 岁、30 ~
35 岁、35 ~ 40 岁、40 ~ 45 岁、45 岁以上七个年龄段，采用单因素方差分析
（ANOVA）研究不同年龄段的员工在整体便利程度、部门间支持、服务氛围、表
层扮演、深层扮演和自主调节方面是否存在差异，其结果如表 6 - 8、6 - 9 所示。
由表 6 - 8 可知，不同年龄员工在组织情境的整体便利程度和部门间支持以及服
务氛围方面不存在显著差异。

表 6 – 8   不同年龄与组织情境及服务氛围的差异分析

变量	年龄	人数	平均值	标准差	F 值	显著性
整体便利程度	20 岁以下	15	5.0361	1.15811	2.610	组间无显著差异
	20 ~ 25 岁	105	4.7354	1.04979		
	25 ~ 30 岁	143	4.7827	0.99978		
	30 ~ 35 岁	102	4.7742	0.96984		
	35 ~ 40 岁	40	5.0779	0.92610		
	40 ~ 45 岁	26	4.4427	1.04781		
	45 岁以上	17	4.0509	1.44763		
	总数	448	4.7570	1.03761		

续表

变量	年龄	人数	平均值	标准差	F 值	显著性
部门间支持	20 岁以下	15	4.5459	0.92063	1.783	组间无显著差异
	20～25 岁	105	4.3872	0.98034		
	25～30 岁	143	4.3537	0.98113		
	30～35 岁	102	4.2480	1.11375		
	35～40 岁	40	4.3921	0.98987		
	40～45 岁	26	4.1563	0.99246		
	45 岁以上	17	3.6140	1.29507		
	总数	448	4.3078	1.03053		
服务氛围	20 岁以下	15	4.9845	1.03092	1.109	组间无显著差异
	20～25 岁	105	4.7547	0.98427		
	25～30 岁	143	4.7635	1.04998		
	30～35 岁	102	4.6943	1.02512		
	35～40 岁	40	4.8335	1.02260		
	40～45 岁	26	4.5678	0.99971		
	45 岁以上	17	4.1992	1.46498		
	总数	448	4.7265	1.04233		

　　不同年龄员工对情绪劳动策略的选择的差异检验结果如表 6 - 9 所示。从表中可以看出，不同年龄员工的情绪劳动策略选择差异性很大，表层扮演的差异最为显著（F = 5.668，p < 0.001），深层扮演和表层扮演的差异也显著，F 值分别为 2.898（p < 0.01）和 3.255（p < 0.01）。

表 6 - 9　不同年龄与情绪劳动的差异分析

变量	年龄	人数	平均值	标准差	F 值	显著性
表层扮演	20 岁以下	15	3.6328	1.29560	5.668***	1，2，3 > 6，7 2 > 3，4，5，6，7
	20～25 岁	105	3.7597	1.17720		
	25～30 岁	143	3.4024	1.22318		
	30～35 岁	102	3.1613	1.06865		
	35～40 岁	40	3.0925	1.05313		
	40～45 岁	26	2.7039	0.91831		
	45 岁以上	17	2.6718	0.89594		
	总数	448	3.3430	1.17464		

变量	年龄	人数	平均值	标准差	F 值	显著性
深层扮演	20 岁以下	15	4.3678	1.02035	2.898**	1, 2, 3, 4, 5, 6 >7
	20~25 岁	105	4.0818	1.23257		
	25~30 岁	143	4.1402	1.04042		
	30~35 岁	102	3.9837	0.99860		
	35~40 岁	40	3.9601	1.09679		
	40~45 岁	26	3.9998	1.20498		
	45 岁以上	17	3.0275	1.34049		
	总数	448	4.0320	1.11950		
自主调节	20 岁以下	15	3.1973	0.80671	3.255**	2, 3, 4, 5, 6, 7 >1
	20~25 岁	105	3.9135	0.97365		4, 5 >2
	25~30 岁	143	4.0498	1.12887		
	30~35 岁	102	4.2673	1.04871		
	35~40 岁	40	4.3431	1.00521		
	40~45 岁	26	4.2762	1.09333		
	45 岁以上	17	4.0641	1.35990		
	总数	448	4.0787	1.07930		

注：*p<0.05, **p<0.01, ***p<0.001。

进一步运用 LSD 得到年龄多重比较结果，如显著性一栏显示：在表层扮演方面，20 岁以下、20~25 岁、25~30 岁的员工比 40~45 岁及 45 岁以上的员工选择的多，也就是说 30 岁以下的员工比 40 岁以上的员工较多选择表层扮演；而 20~25 岁员工与其他年龄段（20 岁以下）员工相比，更多选择表层扮演，即年轻员工（30 岁以下）更多选择表层扮演，年长员工较少选择表层扮演，30~40 岁员工的选择不十分显著。在深层扮演方面，45 岁以上员工比其他年龄段员工更少选择深层扮演；自主调节方面，20 岁以下的员工与其他年龄段相比，最少选择自主调节，30~40 岁员工比 20~25 岁员工更多选择自主调节。也就是说 45 岁以上员工主要选择自主调节的策略；20 岁以下员工最少选择自主调节。总体来讲，30 岁以上的员工 25 岁以下员工更多选择自主调节，25~30 岁员工的选择并不明显。

年长的服务员工（30 岁以上）由于在社会经验、工作经验等方面比较丰富，与顾客互动中更善于耐心细致为顾客着想，对外界刺激和自身情绪的调节能力也较强。情绪表达与内心情感出现失调情况相对年轻人要少，因此中年服务人员（45 岁以上）会主要以自主调节为主；即使出现情绪表达与内心情感不一致的情况，年长员工也能更多地从内心体验要表达的情绪，而年轻员工由于社会经验、工作经验缺乏、善变、遇事不够沉稳等因素，可能更多的是按照组织的情绪表达要求仅在外在情绪表现上达到组织要求，还不能或者觉得没有必要从内心调动要表达的情绪，做到情感体验与情绪表达的一致性。

6.2.2　性别

为了了解男女服务员工在组织情境评价、服务氛围感知和情绪劳动方面的差异，本书采用独立样本 T 检验研究不同性别员工在整体便利程度、部门间支持、服务氛围、表层扮演、深层扮演和自主调节方面是否存在显著差异，其结果如表 6 - 10 所示。由表可知，性别差异对各变量不存在显著影响。

表 6 - 10　不同性别与组织情境、服务氛围及情绪劳动的差异分析

变量	性别	人数	平均值	标准差	t 值
整体便利程度	男	172	4.7042	1.07787	- 0.850
	女	276	4.7899	1.01231	
部门间支持	男	172	4.2823	1.02460	- 0.413
	女	276	4.3237	1.03575	
服务氛围	男	172	4.7061	1.05047	- 0.327
	女	276	4.7393	1.03894	
表层扮演	男	172	3.3571	1.19661	0.200
	女	276	3.3343	1.16283	
深层扮演	男	172	4.0010	1.10033	- 0.463
	女	276	4.0514	1.13284	
自主调节	男	172	4.0400	1.10819	- 0.598
	女	276	4.1028	1.06221	

6.2.3 文化程度

为了了解不同文化程度的服务员工在组织情境评价、服务氛围感知和情绪劳动方面的差异，本书将员工文化程度划分为大专以下、大专、大学本科、硕士及以上四种类型，采用单因素方差分析（ANOVA）研究不同文化程度的员工在整体便利程度、部门间支持、服务氛围、表层扮演、深层扮演和自主调节方面是否存在差异。由表6-11可知，文化程度差异对员工组织情境评价具有显著性影响，整体便利程度方面 F 值为 3.248，$p < 0.05$；部门间支持方面 F 值为 4.270，$p < 0.05$。

表6-11　不同文化程度与组织情境及服务氛围的差异分析

变量	学历	人数	平均值	标准差	F 值	显著性
整体便利程度	大专以下	25	4.3912	1.20682	3.248*	2 > 1 1, 2, 3 > 4
	大专	193	4.8232	1.01571		
	大学本科	209	4.7929	1.01040		
	硕士及以上	21	4.2280	1.13014		
	总数	448	4.7570	1.03761		
部门间支持	大专以下	25	3.9790	1.23170	4.270*	2, 3 > 4
	大专	193	4.3520	1.00824		
	大学本科	209	4.3734	0.97595		
	硕士及以上	21	3.6412	1.25887		
	总数	448	4.3078	1.03053		
服务氛围	大专以下	25	4.3788	1.16231	1.746	组间无显著差异
	大专	193	4.7376	1.03906		
	大学本科	209	4.7876	1.01635		
	硕士及以上	21	4.4309	1.12722		
	总数	448	4.7265	1.04233		

注：*$p < 0.05$。

进一步运用 LSD 得到文化程度多重比较结果，如显著性一栏显示：其中整体便利程度方面，大专学历的员工评价高于大专以下学历的员工；硕士及以上员工的评价最低。部门间支持方面，大专学历和大学本科的员工评价要高于硕士及以上的员工。也就是说，硕士及以上的员工对组织情境的评价在几个类型中最低。

硕士及以上的员工学习经历、掌握的专业知识及相关知识比较丰富，能力可能也较强，对组织提供的服务相关情境的要求可能比较高，因此对组织情境评价较低。

在情绪劳动方面，文化程度差异对情绪劳动的影响并不显著，如表 6 - 12 所示。

表 6 - 12　不同文化程度与情绪劳动的差异分析

变量	学历	人数	平均值	标准差	F 值	显著性
表层扮演	大专以下	25	3.4562	1.23365	0.476	组间无显著差异
	大专	193	3.3446	1.26255		
	大学本科	209	3.3560	1.09396		
	硕士及以上	21	3.0650	1.07877		
	总数	448	3.3430	1.17464		
深层扮演	大专以下	25	3.9902	1.09283	0.996	组间无显著差异
	大专	193	4.0784	1.18224		
	大学本科	209	4.0340	1.04425		
	硕士及以上	21	3.6364	1.27751		
	总数	448	4.0320	1.11950		
自主调节	大专以下	25	3.8311	1.32767	1.994	组间无显著差异
	大专	193	4.2081	1.03498		
	大学本科	209	4.0136	1.08830		
	硕士及以上	21	3.8325	0.98620		
	总数	448	4.0787	1.07930		

6.2.4　工作时间

不同工作年限服务员工在组织情境评价、服务氛围感知和情绪劳动方面的差异，同样采用单因素方差分析（ANOVA）研究。本书将员工工作年限划分为不满 1 年、1 ~ 3 年、4 ~ 6 年、7 ~ 10 年及 10 年以上五种类型，工作年限对组织情境及服务氛围影响的差异分析如表 6 - 13 所示，工作年限差异对情绪劳动影响如表 6 - 14 所示。

表 6 – 13 不同工作年限与组织情境及服务氛围的差异分析

变量	工作年限	人数	均值	标准差	F 值	显著性
整体便利程度	不满 1 年	81	5.1142	0.96285	5.788***	1>2, 3, 4, 5 1, 2, 3, 5>4
	1~3 年	140	4.8016	1.02536		
	4~6 年	93	4.5812	0.93555		
	7~10 年	27	4.1372	1.24454		
	10 年以上	107	4.7376	1.04728		
	总数	448	4.7570	1.03761		
部门间支持	不满 1 年	81	4.6267	0.91916	方差非齐次	组间无显著 差异
	1~3 年	140	4.4300	0.92323		
	4~6 年	93	4.0725	1.03561		
	7~10 年	27	3.7958	1.43405		
	10 年以上	107	4.2403	1.03461		
	总数	448	4.3078	1.03053		
服务氛围	不满 1 年	81	5.0385	0.90049	4.777**	1>3, 4, 5 2, 3, 5>4
	1~3 年	140	4.7661	1.03330		
	4~6 年	93	4.6306	0.99629		
	7~10 年	27	4.0907	1.26977		
	10 年以上	107	4.6825	1.05975		
	总数	448	4.7265	1.04233		

注：$*p<0.05$，$**p<0.01$，$***p<0.001$。

表 6 – 14 不同工作年限与情绪劳动的差异分析

变量	工作年限	人数	均值	标准差	F 值	显著性
表层扮演	不满 1 年	81	3.6883	1.20718	7.187***	1, 2, 3>4, 5
	1~3 年	140	3.4933	1.13997		
	4~6 年	93	3.4262	1.19927		
	7~10 年	27	2.8667	1.02699		
	10 年以上	107	2.9330	1.07377		
	总数	448	3.3430	1.17464		

续表

变量	工作年限	人数	均值	标准差	F 值	显著性
深层扮演	不满 1 年	81	4.2408	1.08925	方差非齐次	组间无明显差异
	1~3 年	140	4.0855	1.13308		
	4~6 年	93	4.0594	0.98514		
	7~10 年	27	3.5264	1.36609		
	10 年以上	107	3.9079	1.13473		
	总数	448	4.0320	1.11950		
自主调节	不满 1 年	81	4.1252	1.07666	2.575*	5 > 2, 3
	1~3 年	140	4.0282	1.05640		
	4~6 年	93	3.8451	1.09130		
	7~10 年	27	4.0520	1.19164		
	10 年以上	107	4.3195	1.03944		
	总数	448	4.0787	1.07930		

注：$*p < 0.05$，$**p < 0.01$，$***p < 0.001$。

由表 6-13 可知，工作年限差异对整体便利程度影响 F 值为 5.788，$p < 0.001$，差异性非常显著；对服务氛围的影响 F 值为 4.777，$p < 0.01$，差异性也显著，对部门间支持的影响，方差齐次检验不显著，说明组间不具备显著差异。由表 6-14 可知，不同工作年限的员工的情绪劳动在表层扮演的选择上存在显著性差异，$F = 7.187$，$p < 0.001$；自主调节策略的选择，F 值 = 2.575，$p < 0.05$，具有显著性差异。深层扮演的方差齐次检验不显著，组间无明显差异。

进一步运用 LSD 得到工作年限多重比较结果，如显著性一栏显示：

在整体便利程度方面，工作不满 1 年的员工的评价显著高于其他组，工作 7~10 年员工的评价最低。工作年限不满 1 年的员工因对工作环境中的各种因素比较陌生，对业务也不十分熟悉，组织提供的各种支持资源和职能对其来说还没能完全消化，因此对组织提供的支持性资源、主管的领导支持、其他服务相关职能的体会可能也需要一段时间，因此他们会对整体便利程度给予较高的评价；工作 1~3 年的员工，在业务上已经熟练，对服务顾客所需的各种资源和组织职能有清楚的认知，而且业务上可能正处在发展上升期，前文变量的描述性统计分析中已经提高，被调查员工所在组织的组织情境的整体水平较高，因此熟悉组织情境整体便利程度的 1~3 年员工对组织情境的评价，工作 4~6 年的员工与其相类似，因此对整体便利程度的评价也较高。工作 10 年以上的员工在组织中仍处于一线服务岗位，如前面样本描述性统计分析中指出，在被调查组织中往往处于一些优势岗位，面对组织的优质客户，组织情境因素可能是向这些岗位有所倾斜，因此 10 年以上员工对整体便利程度的评价也比较高。而工作 7~10 年的员工实际处于工作 5 年作用的成熟员工向工作 10 年以上的资深员工的过渡阶段，对各种组织情境十分熟悉，却不具备特权，处于一种尴尬的时期，可能是评价较低的原因。

在情绪劳动方面，工作不满 1 年、1~3 年和 4~6 年的员工比工作 7~10 年和 10 年以上的员工更多选择表层扮演。也就是说工作 6 年以下的员工比工作 6 年以上的员工更多选择表层扮演。在部门工作时间长的员工，与顾客接触的经验丰富，因此也积累了丰富的情绪劳动的经验，在工作中能够将个人情绪与工作区别开来，对于情绪事件、外界刺激的处理也得心应手，可以从内心体验要表达的情绪，因此较少出现表达情绪与内心体验不一致的情形。工作时间短的员工相反，对外界刺激和情绪实践的处理经验相对不足，情绪表现与内心体验不一致的情形出现相对较多，由于内心情感调节的经验可能不足，所以相对只能调整外在情绪表现。另外如工作 10 年以上的员工同时年龄也会较长，年龄对情绪劳动的影响在这里也成立。而工作时间长短的界限在本研究的结果为 5~6 年。

6.2.5　职务

不同职务服务员工在组织情境评价、服务氛围感知和情绪劳动方面的差异，同样采用单因素方差分析（ANOVA）研究。本研究将员工工作职务划分为一般员工、一般管理人员和中层管理人员三种类型，工作职务对组织情境及服务氛围影响的差异分析如表 6-15 所示，工作职务差异对情绪劳动影响如表 6-16 所示。

由表 6-15 可知，工作职务差异对整体便利程度影响 F 值为 5.144，$p < 0.01$，差异性显著；对服务氛围的影响 F 值为 3.446，$p < 0.05$，差异性也显著，对部门间支持的影响，方差齐次检验不显著，说明组间不具备显著差异。由表 6-16 可知，不同工作职务的员工的情绪劳动组间无明显差异。

表 6-15 不同工作职务与组织情境及服务氛围的差异分析

变量	职务	人数	均值	标准差	F 值	显著性
整体便利程度	一般员工	333	4.8460	1.02744	5.144**	1 > 2
	一般管理人员	84	4.4552	1.07892		
	中层管理人员	31	4.6194	0.88117		
	总数	448	4.7570	1.03761		
部门间支持	一般员工	333	4.3580	1.07188	方差非齐次	组间无明显差异
	一般管理人员	84	4.1683	0.91971		
	中层管理人员	31	4.1471	0.81204		
	总数	448	4.3078	1.03053		
服务氛围	一般员工	333	4.7965	1.05704	3.446*	1 > 2
	一般管理人员	84	4.4657	0.96525		
	中层管理人员	31	4.6819	0.99930		
	总数	448	4.7265	1.04233		

注：*p < 0.05，**p < 0.01，***p < 0.001。

表 6-16 不同工作职务与情绪劳动的差异分析

变量	职务	人数	均值	标准差	F 值	显著性
表层扮演	一般员工	333	3.3286	1.21899	0.988	组间无明显差异
	一般管理人员	84	3.4737	1.03513		
	中层管理人员	31	3.1444	1.02899		
	总数	448	3.3430	1.17464		
深层扮演	一般员工	333	4.1095	1.12648	3.161	组间无明显差异
	一般管理人员	84	3.7934	1.04510		
	中层管理人员	31	3.8467	1.16078		
	总数	448	4.0320	1.11950		
自主调节	一般员工	333	4.1094	1.10417	0.546	组间无明显差异
	一般管理人员	84	3.9765	1.00832		
	中层管理人员	31	4.0265	1.00447		
	总数	448	4.0787	1.07930		

进一步运用 LSD 得到文化程度多重比较结果，如显著性一栏显示：在表 6-15 整体便利程度方面，一般员工对整体便利程度的评价高于管理人员。一般管理人

员比普通员工要处理更多为顾客服务的事宜，在组织中的地位决定了其接触的事务多、眼界宽，需要沟通、考虑的事宜比普通员工多，而且很多为顾客服务的细节需要同顾客面对面打交道的一线管理人员关注、监督，因此其对组织情境比一般员工接触面广、了解程度深，同时对业务的专业性要求也比一般员工了解更多，因此其整体便利程度的要求会比一般员工高，评价相对低。

而在服务氛围方面，一般员工的评价也要高于一般管理人员。与组织情境评价较低的原因类似，一般员工的服务氛围感知，涉及的组织领导、人事及其他相关部门（体现对服务质量的重视程度的各个方面）的级别都要高于一般员工，例如为管理人员服务顾客提供支持领导行为的是组织中的中层甚至高层领导，一般管理人员与中高层领导的沟通，不会像一般员工与直接主管沟通那样容易、一般管理人员的压力可能要比一般员工要大，因此诸如此类的问题会降低一般管理人员对组织对服务质量的感知程度，使得其对服务氛围的评价相对一般员工低。

6.2.6　收入水平

不同收入水平服务员工在组织情境评价、服务氛围感知和情绪劳动方面的差异，同样采用单因素方差分析（ANOVA）研究。本书将员工收入分 2000 元以下、2000～3000 元、3000～4000 元、4000～5000 元、5000 元以上五种类型，收入水平对组织情境及服务氛围影响的差异分析如表 6-17 所示，收入水平差异对情绪劳动影响如表 6-18 所示。

表 6-17　不同收入水平与组织情境及服务氛围的差异分析

变量	收入水平	人数	均值	标准差	F 值	显著性
整体便利程度	2000 元以下	53	4.7706	1.00292	方差非齐次	1＞2
	2000～3000 元	139	4.5727	1.13456		
	3000～4000 元	145	4.7325	1.00255		
	4000～5000 元	68	5.1746	0.91665		
	5000 元以上	43	4.7587	0.89459		
	总数	448	4.7570	1.03761		

续表

变量	收入水平	人数	均值	标准差	F 值	显著性
部门间支持	2000 元以下	53	4.4441	1.28778	2.235**	4 > 2
	2000 ~ 3000 元	139	4.1494	0.98264		
	3000 ~ 4000 元	145	4.2785	1.01476		
	4000 ~ 5000 元	68	4.5726	0.99858		
	5000 元以上	43	4.3320	0.85552		
	总数	448	4.3078	1.03053		
服务氛围	2000 元以下	53	4.8819	0.96198	3.687**	4 > 2
	2000 ~ 3000 元	139	4.4890	1.08185		
	3000 ~ 4000 元	145	4.7511	1.02131		
	4000 ~ 5000 元	68	5.0341	1.00804		
	5000 元以上	43	4.7338	1.00097		
	总数	448	4.7265	1.04233		

注：*p < 0.05，**p < 0.01，***p < 0.001。

表6-18 不同收入水与情绪劳动的差异分析

变量	收入水平	人数	均值	标准差	F 值	显著性
表层扮演	2000 元以下	3.5965	1.29773	53	1.113	组间无明显差异
	2000 ~ 3000 元	3.2656	0.95535	139		
	3000 ~ 4000 元	3.2603	1.08366	145		
	4000 ~ 5000 元	3.4008	1.52048	68		
	5000 ~ 8000 元	3.4688	1.31927	43		
	总数	3.3430	1.17464	448		
深层扮演	2000 元以下	3.8594	1.16807	53	1.21	组间无明显差异
	2000 ~ 3000 元	4.1645	1.05227	139		
	3000 ~ 4000 元	3.9637	1.11081	145		
	4000 ~ 5000 元	4.1257	1.18159	68		
	5000 ~ 8000 元	3.8990	1.18716	43		
	总数	4.0320	1.11950	448		

变量	收入水平	人数	均值	标准差	F 值	显著性
自主调节	2000 元以下	4. 1761	0.99610	53	1.644	组间无明显差异
	2000～3000 元	4. 0486	1. 13798	139		
	3000～4000 元	4. 0323	1. 00584	145		
	4000～5000 元	4. 3212	1. 16834	68		
	5000～8000 元	3. 8292	1. 04242	43		
	总数	4. 0787	1. 07930	448		

由表 6 - 17 可知，收入水平差异对整体便利程度影响组间无差异性显著；对部门间支持的影响，F 值为 2. 235，p < 0.01，对服务氛围的影响 F 值为 3. 687，p < 0.05，差异性也显著，由表 6 - 14 可知，不同收入水平的员工情绪劳动组间无明显差异。

进一步运用 LSD 得到收入水平多重比较结果，如显著性一栏显示：在表 6 - 17 中部门间支持和服务氛围方面，收入为 4000～5000 元的员工的评价要高于 2000～3000 元的员工。由表 6 - 17 中可知样本的收入水平分布主要集中在 2000～3000 元和 3000～4000 元，4000～5000 元、5000 元以上在服务员工中属于高水平收入，但多重比较结果只显示高水平的 4000～5000 元与一般水平的 2000～3000 元组间的差异，信息量过少，需要了解更多信息分析其原因。

6.2.7 部门性别比例

不同男女比例的部门服务员工在组织情境评价、服务氛围感知和情绪劳动方面的差异，同样采用单因素方差分析（ANOVA）研究。本书将员工部门男女比例分为几乎全是男性、男性占大多数、男女各半、女性占大多数、几乎全是女性五种类型，部门男女比例差异对组织情境及服务氛围的影响如表 6 - 19 所示，部门男女比例差异对情绪劳动影响如表 6 - 20 所示。从两表中可知部门男女比例差异对组织情境、服务氛围和情绪劳动的影响均不显著。

表 6 – 19 不同部门男女比例与组织情境及服务氛围的差异分析

变量	性别比例	人数	均值	标准差	F 值	显著性
整体便利程度	几乎全是男性	9	4.5974	1.34573	0.865	组间无明显差异
	男性占大多数	62	4.7320	1.23897		
	男女各半	206	4.7384	0.97281		
	女性占大多数	153	4.8430	1.01090		
	几乎全是女性	18	4.4057	1.08755		
	总数	448	4.7570	1.03761		
部门间支持	几乎全是男性	9	4.2301	1.06578	1.213	组间无明显差异
	男性占大多数	62	4.2430	1.13267		
	男女各半	206	4.2952	0.93632		
	女性占大多数	153	4.4062	1.08398		
	几乎全是女性	18	3.8786	1.18551		
	总数	448	4.3078	1.03053		
服务氛围	几乎全是男性	9	4.5351	1.07654	2.207	组间无明显差异
	男性占大多数	62	4.6098	1.06535		
	男女各半	206	4.7568	1.04449		
	女性占大多数	153	4.8170	0.99372		
	几乎全是女性	18	4.1087	1.18600		
	总数	448	4.7265	1.04233		

表 6 – 20 不同部门男女比例与情绪劳动的差异分析

变量	性别比例	人数	均值	标准差	F 值	显著性
表层扮演	几乎全是男性	9	3.8841	1.29165	0.095	组间无明显差异
	男性占大多数	62	3.2822	0.95230		
	男女各半	206	3.2126	1.24520		
	女性占大多数	153	3.4727	1.16798		
	几乎全是女性	18	3.6726	0.83960		
	总数	448	3.3430	1.17464		

续表

变量	性别比例	人数	均值	标准差	F 值	显著性
深层扮演	几乎全是男性	9	4.0429	0.83333	0.31	组间无明显差异
	男性占大多数	62	4.0643	1.04079		
	男女各半	206	3.9379	1.19803		
	女性占大多数	153	4.1735	1.08614		
	几乎全是女性	18	3.7905	0.72926		
	总数	448	4.0320	1.11950		
自主调节	几乎全是男性	9	3.6136	0.71539	0.231	组间无明显差异
	男性占大多数	62	4.0490	1.11493		
	男女各半	206	4.1242	1.15047		
	女性占大多数	153	4.1118	1.00119		
	几乎全是女性	18	3.6117	0.78819		
	总数	448	4.0787	1.07930		

6.2.8 部门规模

不同规模部门服务员工在组织情境评价、服务氛围感知和情绪劳动方面的差异，同样采用单因素方差分析（ANOVA）研究。本书将员工所在部门的规模分为 10 人以下、10~20 人、20~50 人、50~100 人四种类型，部门规模对组织情境及服务氛围影响的差异分析如表 6-21 所示，部门规模差异对情绪劳动影响如表 6-22 所示。

表 6-21　部门规模与组织情境及服务氛围的差异分析

变量	规模	人数	均值	标准差	F 值	显著性
整体便利程度	10 人以下	95	4.4673	1.14034	3.77*	2, 3 > 1
	10~20 人	206	4.8697	1.01503		
	20~50 人	106	4.8434	0.91042		
	50~100 人	41	4.6390	1.10488		
	总数	448	4.7570	1.03761		

续表

变量	规模	人数	均值	标准差	F 值	显著性
部门间支持	10 人以下	95	4.0361	1.07898	3.132*	2, 3 > 1
	10 ~ 20 人	206	4.3589	1.03192		
	20 ~ 50 人	106	4.4547	0.91047		
	50 ~ 100 人	41	4.3010	1.11914		
	总数	448	4.3078	1.03053		
服务氛围	10 人以下	95	4.4486	1.14531	方差非齐次	1 > 3
	10 ~ 20 人	206	4.7517	1.05593		
	20 ~ 50 人	106	4.8429	0.91127		
	50 ~ 100 人	41	4.9435	0.94529		
	总数	448	4.7265	1.04233		

注：* p < 0.05。

表 6 - 22 部门规模与情绪劳动的差异分析

变量	规模	人数	均值	标准差	F 值	显著性
表层扮演	10 人以下	95	3.1320	1.24325	6.756***	1, 2 > 3
	10 ~ 20 人	206	3.2077	1.13402		
	20 ~ 50 人	106	3.7621	1.15834		
	50 ~ 100 人	41	3.4289	1.00027		
	总数	448	3.3430	1.17464		
深层扮演	10 人以下	95	3.7982	1.15910	2.800*	3 > 1
	10 ~ 20 人	206	4.0119	1.11658		
	20 ~ 50 人	106	4.2437	1.02299		
	50 ~ 100 人	41	4.1276	1.20477		
	总数	448	4.0320	1.11950		
自主调节	10 人以下	95	4.0808	1.07647	0.012	组间无显著差异
	10 ~ 20 人	206	4.0859	1.11448		
	20 ~ 50 人	106	4.0615	1.00769		
	50 ~ 100 人	41	4.0822	1.12347		
	总数	448	4.0787	1.07930		

注：* p < 0.05，** p < 0.01，*** < 0.001。

由表 6-21 可知，部门规模差异对整体便利程度影响，F 值为 3.770，p < 0.01 存在显著差异；对部门间支持的影响，F 值为 3.132，p < 0.05，也存在显著差异。从表 6-21 还可以发现，员工部门规模的差异对服务氛围的影响方差齐次检验不显著，用非参秩和检验显著，说明部门差异对服务氛围的影响存在显著性差异。

接着用 LSD 法对部门规模对整体便利程度和部门间支持的影响数据做多重比较，结果总结如显著性一栏显示，其中 10～50 人的部门的员工的整体便利程度和部门间支持的评价都大于 10 以下部门的员工。10～50 人的部门，规模中等，组织的支持性资源配备完善，员工在组织中可以获取的支持性资源比小规模部门要多，另外服务信息培训等人力资源管理职能方面中等规模的组织也比小规模组织正规完备，使得中等规模部门的员工对组织情境的评价要高于小规模部门的员工。

用非齐次方法（Tamhane's）对部门规模对服务氛围影响进行多重比较，结果是 10 人以下规模的部门员工的服务氛围评价要优于 10 人以上的中等规模部门的员工。小规模部门的员工虽然在支持性资源配备和正规性方面不如中等规模部门员工，但员工对服务氛围的评价是如支持资源的组织情境的对优质服务的重视程度的共享感知，规模大的部门虽然在组织情境方面有优势，在员工感知共享方面却不如小规模部门，小规模部门员工之间以及员工与领导之间的沟通顺畅，服务相关信息传达便捷快速准确，可以让员工更好地认识对组织对服务的战略重视，在员工之间形成有关组织支持奖励优质服务的共享感知，即服务氛围，因此小规模部门员工的服务氛围评价相对中等规模部门员工更高。

由表 6-22 可知，部门规模差异对表层扮演影响，F 值为 6.756，p < 0.001 存在显著差异；对深层扮演的影响，F 值为 2.800，p < 0.05，也存在显著差异。

用 LSD 法对部门规模对整体便利程度和部门间支持的影响数据做差距检验，结果总结如显著性一栏显示，其中 10 人以下的和 10～20 人部门的员工比 20～50 人规模的部门的员工更多采用表层扮演；而 20～50 人规模的部门的员工比 10 人以下的规模的员工更多采用深层扮演。基本可以总结为小规模部门员工相对更多选择表层扮演，而中等规模部门员工相对更多选择深层扮演。小规模部门的员工人数少，与顾客接触的频率可能会较中等规模的顾客高，接待的顾客的可能差异也会比中等规模的部门大，每个接待顾客要完成的业务种类也比较多（如一人身兼数职的情况），因此服务对象差异、服务项目层次要求的差异以及服务频率、次数等都会影响小规模部门员工的情绪劳动策略选择，在服务众多顾客，服务接触频率较高、服务项目层次差异明显等情况下，小规模部门的员工会更多选择表层扮演，仅在外在情绪表现上达到组织要求，而无法令其与内在情感体验达到一致。

综上所述，如表 6 – 23 所示，将前文所述不同人口特征对组织情境、服务氛围、情绪劳动的影响汇总后可以看到：

表 6 – 23　人口统计特征差异对组织情境、服务氛围、情绪劳动的影响的汇总

变量	年龄	性别	文化程度	工作年限	工作职务	收入水平	男女比例	部门规模
整体便利程度	—	—	√	√	√	√	—	√
部门间支持	—	—	√	√	√	√	—	√
服务氛围								
表层扮演	√	—	—	√	—	—	—	√
深层扮演	√	—	—	—	—	—	—	√
自主调节	√							．—

注：其中，"—"表示人口统计特征的影响不具备显著性差异，"√"表示人口统计特征的影响具备显著性差异。

文化程度、工作年限、工作职务、收入水平和部门规模的差异会对员工整体便利程度评价产生影响；而上述特征中除了工作年限以外的其他特征的差异也同样会对令员工部门间支持评价产生影响。

在工作年限、收入水平和部门规模的差异会对令员工服务氛围感知产生影响。

在情绪劳动方面，年龄、工作年限和部门规模的差异会对令员工表层扮演产生影响；年龄、部门规模的差异会对员工的深层扮演产生影响；年龄、工作年限的差异会对员工的自主调节产生影响。

6.3 组织情境、服务氛围对情绪劳动的影响分析

6.3.1 测量模型分析：验证性因子分析

验证性因子分析（CFA）与探索性因子分析（Exploratory Factor Analysis，EFA）的主要区别在于模型理论逻辑的差别。探索性因子分析中理论逻辑是因子分析的产物，理论是事后出现的；验证性因子分析则相反理论逻辑是因子分析的前提，是事前的概念。通常 EFA 分析中与 CFA 共同使用：探索性因子分析发现问卷结构效度，检验问卷是否遗失重要的观察变量；验证性因子分析则用来检验以往理论逻辑是否适用与当前概念的分析，验证性因子分析也是进行结构方程模型分析的基础步骤。本研究采用验证性因素分析验证观察变量与潜在变量之间的关系，证明模型理论的合理性，为后续结构方程模型分析提供依据。

（1）组织情境的验证性因子分析。在组织情境中，有"整体便利程度""部门间支持"两个潜在变量，其与观察变量的对应关系在问卷中组织情境量表已经作了区分。运用 AMOS21.0 软件进行一阶因素分析，原始模型的拟合度指标为：$\chi^2 = 56.087$，$df = 13$，$RMSEA = 0.086 < 0.09$，$GFI = 0.966 > 0.9$，$CFI = 0.974 > 0.9$，$RMR = 0.031 < 0.05$，说明量表的信度与效度指标满足模型参数指标的标准，说明本研究的测量模型具有信度与效度，可以进行第二阶段的分析。

（2）服务氛围的验证性因子分析。将服务氛围设置为潜变量，部门的服务专业知识和技能、部门服务考核、部门服务奖励、部门服务质量、部门服务领导行为、部门顾客沟通效率、部门提供的服务资源 7 个题项设为观察变量，CFA 的拟合结果为：$\chi^2 = 68.573$，$df = 14$，$RMSEA = 0.093 < 0.1$，$GFI = 0.959 > 0.9$，$CFI = 0.968 > 0.9$，$RMR = 0.03 < 0.05$。该模型的 RMSEA 值大于 0.09，但仍在小于 0.1 这个可以接受的范围内，说明量表的信度与效度指标满足模型参数指标的标准，说明本研究的测量模型具有信度与效度，可以进行第二阶段的分析。

（3）情绪劳动的验证性因子分析。在情绪劳动量表中，有"表层扮演""深层扮演""自主调节"三个潜变量，其与观察变量的对应关系在问卷中组织情境量表已经作了区分。运用 AMOS21 软件进行一阶因素分析，原始模型的拟合度指标为：$\chi^2 = 251.136$，$df = 74$，$RMSEA = 0.073 < 0.09$，$GFI = 0.925 > 0.9$，$CFI = 0.935 > 0.9$，说明量表的信度与效度指标满足模型参数指标的标准，说明本书的测量模型具有信度与效度，可以进行第二阶段的分析。

6.3.2　理论模型评价：结构方程分析

一般而言，结构方程模型分析中样本容量需要至少在 100 份以上，200 份以上更佳（Mueller，1997）。本书共收集样本 448 份，通过 AMOS21.0 软件进行分析各变量间均显著相关，适宜进行结构方程模型分析。对于结构方程模型结果的分析，本书将分为模型基本适配度检验和结构适配度检验和整体模型适配性检验三部分。本书依据 Bagozziandyi（1988）的看法从三方面加以衡量，分别为：

（1）基本适配标准。结构方程模型的基本适配性检验要达到基本的三项指标：①误差变异数不能为负值；②标准因子载荷在 0.5 ~ 0.95，且达到显著水平；③标准误不能过大。本书结构方程分析模型拟合结果的参数指标如表 6 - 24 所示，从中可以看出，误差变异系数无负值，标准化载荷均在 0.5 ~ 0.95 且显著；标准误也没有较高值，因此可以得出以下结论：本书的概念模型的基本适配度在可接受范围内。

表 6 - 24　变量标准化负载

变量		标准化负载	t 值
潜在变量	测量变量		
表层扮演	S1	0.6	11.84
	S2	0.685	13.53
	S3	0.699	13.785
	S4	0.715	14.092
	S5*	0.732	—
	S6	0.721	14.215
	S7	0.659	13.015

续表

变量		标准化负载	t 值
潜在变量	测量变量		
深层扮演	D1	0.677	14.56
	D2	0.802	17.574
	D3 *	0.825	—
	D4	0.761	16.645
自主调节	A1	0.834	16.971
	A2 *	0.864	—
	A3	0.66	14.098
整体服务氛围	SC1	0.7	15.258
	SC2	0.804	17.957
	SC3 *	0.769	—
	SC4	0.744	16.383
	SC5	0.788	17.516
	SC6	0.749	16.498
	SC7	0.746	16.429
整体便利程度	F1	0.685	15.509
	F2	0.658	14.752
	F3	0.748	17.375
	F4 *	0.829	—
部门间支持	IS1	0.843	21.804
	IS2 *	0.863	—
	IS3	0.757	18.569

注：* 采用固定负载法设定结构变量度量尺度，该变量的负载被固定为 1.0，无法计算 t 值。

（2）整体模型的适配度。整体模型适配度用来评价结构方程分析中概念模型整体上与观测数据的适配度。根据 Hair、Black 等（2006）的观点，评价模型整体适配度的指标主要有绝对拟合优度指标，如卡方统计与自由度比值、近似误差均方根 RMSEA 和拟合优度指数 GFI 等；相对拟合优度指数的具体指标如表 6 - 25 所示，由表可知数据基本符合可接受标准。$\frac{\chi^2}{df} = 2.561$；RMSEA = 0.059；GFI = 0.88；CFI = 0.92；TLI = 0.912；SRMR = 0.076

表6-25　模型整体拟合优度

指标	指数	指标	指数
χ^2	881.154	GFI	0.88
df	344	CFI	0.92
$\dfrac{\chi^2}{df}$	2.561	TLI	0.912
RMSEA	0.059	SRMR	0.076

（3）模型的结构适配度。模型结构适配度是评价模型内估计参数的显著程度、各指标及潜在变量的信度等，是对概念模型的测量模型进行检验。这可以从潜在变量的组合信度是否在0.6以上、潜在变量的平均方差提取量（Average Variance Extracted，AVE）是否在0.5以上及个别项目的信度（Individual Item Reliability）是否在0.70以上。从表6-24可以看出模型的结构适配度在可接受的范围内。在模型中观测变量对其相应结构变量的标准化负载分布在0.6～0.864，所有的标准化负载都在p＜0.001的水平上显著。表6-26列出了模型中各结构变量的建构信度和平均方差抽取量（AVE）①。"整体服务氛围"和"部门支持"的建构信度大于0.7，"表层扮演""深层扮演""自主调节"的建构效度大于0.6；平均方差抽取量虽然低于0.5，但建构信度和标准化负载（C.R.）值在标准值以内，因此在可接受的范围内，可以说测量指标有效反映了其结构变量的潜在特质，概念模型的结构适配度满足基本要求。

表6-26　模型的建构信度和AVE

变量　　　　MLE的估计参数	因素负荷	组合信度	平均方差提取量
表层扮演			
S1. 工作时表现出适当的情绪，对我而言如同演戏一样	0.6***		
S2. 当与客户/顾客接触时，我假装有好心情	0.685***		
S3. 与客户/顾客接触时我采用"秀"一下或者表演的方式	0.699***		
S4. 我仅仅是假装拥有工作中需要表现的情绪	0.715***	0.6707	0.2279
S5. 为了表现特定的表情，我会戴上"面具"	0.732***		
S6. 我对客户/顾客表现的情绪与内心感受不同	0.721***		
S7. 面对客户/顾客时我假装表现出工作所需要的情绪	0.659***		

① 吴明隆. 结构方程模型——AMOS的操作与应用［M］. 重庆：重庆大学出版社，2012.

续表

MLE 的估计参数 变量	因素负荷	组合信度	平均方差提取量
深层扮演			
D1. 我尝试去实际体会我应向客户/顾客表现的情绪	0.677 ***		
D2. 我努力去实际感受需要对别人表达的情绪	0.802 ***	0.684	0.3558
D3. 我竭尽全力去感受需要对客户/顾客表现的情绪	0.825 ***		
D4. 我致力于从内心调动应该对客户/顾客表现的情绪	0.761 ***		
自主调节			
A1. 我对客户/顾客表现的情绪是真实的	0.834 ***		
A2. 我对客户/顾客表现的情绪是自然流露的	0.864 ***	0.6656	0.4101
A3. 我对客户/顾客表现的情绪与我当时的感受一致	0.66 ***		
整体服务氛围			
SC1. 我所在部门员工具备提供优质工作和服务的专业知识和技能	0.7 ***		
SC2. 我所在部门对工作和服务质量的考核和追踪体系十分完善	0.804 ***		
SC3. 我所在部门对于提供优质服务的员工会给予肯定和奖励	0.769 ***		
SC4. 我所在部门的总体服务质量很好	0.744 ***	0.7757	0.3322
SC5. 我所在部门的管理层在提高服务质量方面的能力很强	0.788 ***		
SC6. 我所在部门的员工与顾客的沟通效率很高	0.749 ***		
SC7. 我所在部门为员工交付优质服务提供了很好的工具、技术和其他资源	0.746 ***		
整体便利程度			
F1. 我的主管会回应我的指导和帮助请求	0.685 ***		
F2. 我所在部门拥有工作所需的计算机工具和资源	0.658 ***		
F3. 我所在部门的员工有途径掌握或已经掌握了工作所需的产品及相关政策的信息	0.748 ***	0.6196	0.2959
F4. 我所在部门的员工经常接受介绍新产品新服务的培训	0.829 ***		
部门支持			
IS1. 给我最大支持的部门的员工有丰富的工作知识	0.843 ***		
IS2. 给我最大支持的部门为我提供的整体服务质量很高	0.863 ***	0.7407	0.4917
IS3. 给我最大支持的部门员工有很强的合作精神	0.757 ***		

注: *** p < 0.001。

确定各构面具有一定的效度和信度后，进一步进行路径分析，检验研究假说，分析组织情境、服务氛围对表层扮演、深层扮演、自主调节的影响。根据整体路径分析的回归系数来进行假设检验，路径系数及假设检验分析结果如表 6 - 27 所示。研究结果部分支持假设 H1 和 H2；其中 H1 - a、H2 - b、H2 - c 获得支持，H1 - b、H2 - a 没有得到验证。也就是说，整体便利程度（F）对服务氛围（SC）（$\lambda = 0.581^{***}$）有正向的影响；服务氛围（SC）对深层扮演（D）及自主调节（A）有正向的影响；无显著证据证明部门支持对服务氛围、服务氛围对表层扮演有显著的影响关系存在。

表 6 - 27　模型路径系数及假设检验结果

路径	变量	路径系数	对应假说	检验结果
1	整体便利程度→服务氛围	0.581^{***}	H1 - a	获得支持
2	部门支持→服务氛围	0.186	H1 - b	未获得支持
3	服务氛围→表层扮演	0.073	H2 - a	未获得支持
4	服务氛围→深层扮演	0.435^{***}	H2 - b	获得支持
5	服务氛围→自主调节	0.476^{***}	H2 - c	获得支持

　　注：$^{***} p < 0.001$。

6.4　服务氛围中介效应的检验

　　中介效应检验的方法有三种：第一种是由 Baron 和 Kenny（1986）所提出一次检验回归系数的方法，操作相对简单。此方法的弱点是当变量的中介效应较弱，检验的效果很低。第二种方法由 Sobel（1982）等提出，通过检验中介变量所在路径的回归系数之乘积是否显著，但此种方法中参数乘积的临界值目前还存在争议。第三种方法是 MacKinnon（2002）等提出，对于自变量与因变量之间的回归系数，比较其在有中介变量和没有中介变量时的差异是否显著，来确定是否存在中介效应。比较带有中介变量的自变量与因变量之间的回归系数与不带中介变量时两者之间回归系数。此种方法的问题是即使中介效应不存在，只要中介变量与因变量之间的关系显著，都会得到中介效应显著的结论，因此会放大中介效应的结果。温忠麟等（2004）总结综合了上述方法，提出了如图 6-1 所示的包含依次检验与 Sobel 检验的中介效应分析步骤。

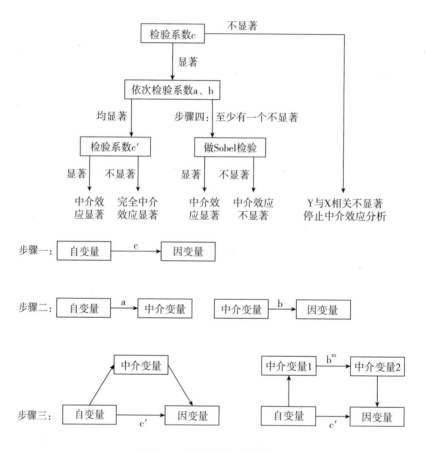

图 6-1 中介效应分析步骤

步骤一：检验自变量到因变量的路径系数是否显著，显著则进行步骤二，通过不显著则说明自变量与因变量之间无明显的相关关系，更不可能存在中介效应。

步骤二：进行部分中介检验。检验自变量到中介变量的路径系数以及中介变量到因变量的路径系数是否显著，两个路径系数都显著表明自变量对因变量的影响有一部分通过中介变量来实现的，需要进一步检验，执行步骤三。如果有一个路径系数不显著则进行步骤四。

步骤三：做完全中介检验，即在控制中介变量的情况下，自变量到因变量的路径系数是否显著，如果不显著，则是完全中介效应。否则是部分中介效应。

步骤四：当系数 a 与系数 b 至少有一个不显著时，则需要进行 Sobel 检验。如果显著，则中介效应显著；否则中介效应不显著。检验结束。

在上述检验步骤中，当系数 a 与 b 至少有一个不显著的时，需要进行 Sobel 检验。Sobel 检验的目的是为了在统计上有效防止以下情况的出现：当 a 很小（不显著）而 b 很大（显著），中介效应 a 和 b 还是很有可能显著的。需要强调指出的是，以上检验中介效应的分析步骤针对的是只有一个中介变量的情况，当模型中有两个以上的中介变量时，上述的 Sobel 检验不再适用。本书要检验的是服务氛围对组织情境与情绪劳动之间关系的中介效应，即：

H5：服务氛围在组织情境与情绪劳动之间发挥中介效应。

由前文概念模型检验已知组织情境中整体便利程度与服务氛围显著相关，部门间支持与服务氛围的相关性并不显著；同时服务氛围对深层扮演和自主调节的影响显著，而对表层扮演的影响不显著。按照上述温忠麟等（2004）提出中介效应分析条件，部门支持与情绪劳动无法进行中介效应分析；而对于情绪劳动的表层扮演，由于服务氛围对其影响的路径系数偏低也不存在中介效应。因此，服务氛围对组织情境与情绪劳动的中介效应可以具体为：

H5－a：服务氛围对整体便利程度与深层扮演之间发挥中介效应。

H5－b：服务氛围对整体便利程度与自主调节之间发挥中介效应。

（1）服务氛围对整体便利程度与深层扮演的中介效应。

服务氛围对整体便利程度与深层扮演的中介效应如图 6－2 及表 6－28 所示。

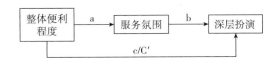

图 6－2　服务氛围对整体便利程度与深层扮演关系的中介效应

表6－28　组织情境对服务氛围的直接影响路径系数

路径系数	a	b	c	C′
未标准化路径系数估计	0.907	0.355	0.44	0.296
S. E.	0.075	0.52	0.66	0.110
C. R.	12.136	6.789	6.666	2.687
p	＊＊＊	＊＊＊	＊＊＊	0.007＊＊
标准化路径系数估计	0.801	0.387	0.409	0.288
结论	部分中介			

注：＊＊p＜0.01，＊＊＊p＜0.001。

利用 AMOS 分析整体便利程度对深层扮演（c）的影响，未标准化路径系数为0.44，标准化路径系数为0.409，且显著。另外，组织情境中整体便利程度与服务氛围的路径（a）以及服务氛围与深层扮演的路径（b），均显著。因此，可以进行完全中介检验。检验存在服务氛围这一中介变量时，整体便利程度对深层扮演（C′）的影响，AMOS 分析的结果显示，未标准化路径系数为0.296，标准化路径系数为0.288，影响仍显著（p＜0.01），说明服务氛围在组织情境整体便利程度与深层扮演间发挥部分中介效应。

（2）服务氛围对整体便利程度与自主调节的中介效应。

服务氛围对整体便利程度与自主调节深层扮演的中介效应如图6－3及表6－29所示。

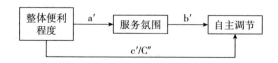

图6－3　服务氛围对整体便利程度与自主调节的中介效应

表6－29　组织情境对服务氛围的直接影响路径系数

路径系数	a′	b′	c′	C″
未标准化路径系数估计	0.907	0.487	0.568	0.291
S. E.	0.075	0.062	0.80	0.133
C. R.	12.136	7.791	7.125	2.184

续表

路径系数	a′	b′	c′	C″
p	***	***	***	0.029 *
标准化路径系数估计	0.801	0.429	0.424	0.229
结论	部分中介			

注：* p<0.1，*** p<0.001。

由 AMOS 分析整体便利程度对深层扮演（c′）的影响，未标准化路径系数为 0.568，标准化路径系数为 0.424，影响显著。同时组织情境中整体便利程度与服务氛围的路径（a′）以及服务氛围与深层扮演的路径（b′），均显著。因此，可以进行完全中介检验。检验存在服务氛围这一中介变量时，整体便利程度对深层扮演（C″）的影响，AMOS 分析的结果显示，未标准化路径系数为 0.291，标准化路径系数为 0.229，影响仍显著（p<0.05），说明服务氛围在组织情境整体便利程度与深层扮演间发挥部分中介效应。

6.5　个体变量的调节效应分析

如果变量 Y 与变量 X_1 之间的关系是变量 X_2 的函数，即 Y 与 X_1 的关系受到第三个变量 X_2 的影响，则称 X_2 为调节变量。这种有调节变量的模型一般地可以用图 6-4 表示。

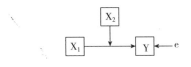

图 6-4　调节效应示意图

当自变量在不同的情境或条件下，对因变量有不同的影响效果时，在某些情况下自变量对因变量的影响较为显著，反之则不显著。Baron R. M 和 Kenny D. A

（1986）检测方式为同时观察自变量和调节变量时，可能对因变量有显著效果或没有显著效果，而考虑其交互作用效果时，交互作用对因变量有显著的影响效果，原来自变量和调节变量的效果则变小了。

本书采用 MacKenzie 和 Spreng（1992）提出的多样本方法来检验调节变量对因变量的调节效应。首先，将调节变量进行分组：性别分为男与女；年龄分为：20～25 岁、25～30 岁、30～35 岁、35～40 岁；文化程度分为：专科、大学本科；工作年限分为：不满 1 年、1～3 年、4～6 年、7～10 年、10 年以上；工作职务分为：一般员工、一般管理人员、中层管理人员；收入水平分为：2000 元以下、2000～3000 元、3000～4000 元、4000～5000 元；男女比例分为：男性占大多数，男女各半，女性占大多数；部门规模分为：10 人以下、10～20 人、20 人～50 人。

其次，将这八组数据的路径参数设定为自由估计，并以此多群组分析的模型作为基准模型。

最后，选择要估计的调节效应路径，将不同群组在次路径的参数设为相等，此受限模型作为基准模型的嵌套模型（Nested Model）。先针对基准模型、各限制调节路径的嵌套模型分别进行适配性检验，然后通过卡方检验模型之间是否存在显著差异。卡方差异检定的先决条件是两个模型必须是嵌套模型。所谓嵌套关系是指一个模型是另一个模型的简约模型，或一个模型是另一个模型加以限制得到。当一个模型将其中的某些自由参数加以限制，所得到的这些被限制的模型对于一开始未受限制模型会形成一种包含关系，则称此包含关系为嵌套关系，满足此种关系的模型，成为嵌套模型（邱皓政，2009）。

当卡方检验检定两模型之间存在显著差异时，则这差异源自特定的路径关系下两群体相等的缘故，即调节变量对此路径有显著的调节效应。

本书采用 AMOS 软件，通过多群组分析，逐项检验员工个体变量是否会造成模型的差异。在嵌套模型下，假设未设限模型为真（Assuming Model Unconstrained to be Correct），当测量系数（Measurement Weights）模型的 p 值大于 0.05 时，表示该群组在测量模型系数上无显著差异或具有组间不变性。具体分析结果如表 6 - 30 所示。

表 6-30 个体变量调节效应分析（结构方程多群组分析）

个体变量	DF	CMIN	p	NFI Delta-1	IFI Delta-2	RFI rho-1	TLI rho2
性别	22	14.112	0.897	0.002	0.002	-0.004	-0.005
年龄	66	112.953	0.000	0.014	0.017	-0.001	-0.002
文化程度	22	37.893	0.019	0.006	0.006	-0.001	-0.001
工作年限	66	104.181	0.002	0.013	0.015	-0.001	-0.002
工作职务	44	56.374	0.100	0.006	0.007	-0.006	-0.007
男女比例	44	32.604	0.897	0.003	0.003	-0.005	-0.006
部门规模	66	63.211	0.575	0.007	0.008	-0.008	-0.009

表 6-30 中，性别、工作职务、男女比例、部门规模的多群组结构系数 p 值分别为 0.897，0.100，0.897，0.575，未达到显著差异水平，说明性别、工作职务、男女比例、部门人数的差异不会造成模型的差异。年龄、文化程度、工作年限的多群组结构系数 p 值分别为 0.000（$p < 0.001$）、0.019（$p < 0.05$）、0.002（$p < 0.01$），达到显著差异水平，说明年龄、文化程度、工作年限会造成模型的差异。也就是说，年龄、文化程度、工作年限是组织情境、服务氛围影响情绪劳动的调节变量，年龄与文化程度造成的模型的组间差异比工作年限的差异显著。

第7章　研究结论与启示

国外对于服务氛围基础情境的研究显示服务情境的整体便利程度和部门支持是构成服务氛围的基础问题，在中国情境下是否可以得到一致的结论是值得关注的问题。本书从这一角度出发，从服务氛围基础入手研究服务氛围，考察了服务氛围基础在中国情境下的适配性研究，发现了服务氛围基础在中国情境下的变化及其对服务氛围的影响程度。氛围基础变量的引入，为服务氛围—情绪劳动研究以及组织行为—顾客体验关系注入了动态因素，拓展了服务氛围—情绪劳动研究的深度和空间，研究结果更具有实践指导价值。

当前国内外有关服务氛围的研究主要停留在服务绩效、顾客体验关系的层面，几乎都聚焦于服务氛围的性质对顾客绩效的预测作用上。此类研究中由于将员工，这一联系组织与顾客之间的关键节点，视为组织的生产要素，忽略了员工作为社会主体的情绪要求，对服务氛围—顾客体验关系的解释尤其是机制的理解十分有限。鉴于上述原因，本书中将组织中的情境变量作为内生变量引入，考虑了服务氛围对员工情绪行为的影响，并将这种影响置于工作情境之下，分析服务氛围对员工情绪表达行为的影响。强调服务氛围的感知属性，服务氛围作为一种默会知识规则对将情绪劳动的唤醒作用，拓展了情绪劳动前因变量和组织规则内涵的范围。

7.1　研究结论

通过前文分析可知，被调查员工所在服务企业的组织情境在服务方面普遍表现较好，尤其是提供的支持性资源及主管支持等整体便利程度方面做得较好。比较而言，部门支持表现较弱，员工从其他部分获得的支持感较差。

被调查者所在组织普遍令一线员工感受到了积极的服务氛围，在服务质量、沟通效率和管理层能力方面感知尤为强烈，但组织对员工服务质量的肯定与奖励可能有待提高，企业对于服务质量的重视程度可能更多体现着服务标准的制定、推行，服务管理的加强，对于相应的员工奖励肯定方面存在缺陷。

服务员工在与顾客接触交付服务的过程中，面临表达情绪调动顾客情绪体验时，更多地采取自主调节的情绪劳动策略，或者深层扮演，较少采用表层扮演。员工表达的情绪是自然流露或者从内心体验的，其感知的情绪表达与内心的情绪感受之间没有差别或差别较小。不同的员工之间是否采取表层扮演尤其是虚假表演的方式存在很大差异。

7.1.1 员工个体差异对组织情境、服务氛围和情绪劳动均存在影响

组织情境方面，文化程度、工作年限、工作职务、收入水平和部门规模的差异会对员工整体便利程度评价产生影响；而上述特征中除了工作年限以外的其他特征的差异也同样会对令员工部门间支持评价产生影响。其中文化程度较高的员工，如硕士以上学历的员工对组织情境的评价较低；工作年限较高（7～10 年）的员工对组织情境（仅整体便利程度方面）评价最低，相反刚刚参加工作的员工对组织情境（仅整体便利程度方面）的评价最高；一般管理人员比普通员工对组织情境的评价更高；小规模部门（10～20 人）的员工比中等规模（20～50 人）部门的员工对组织情境的评价高。

服务氛围方面，工作年限和部门规模的差异会对令员工服务氛围感知产生影响。工作年限较多的员工对服务氛围感知较差，刚刚入职的员工对服务氛围感知强；小规模部门员工的服务氛围感知优于中等规模部门员工。

情绪劳动方面，年龄会对员工的表层扮演、深层扮演和自主调节均产生影响；部门规模差异会对员工表层扮演产生影响；工作年限差异则会对员工自主调节产生影响。其中，年轻员工（30 岁以下）更多选择表层扮演，年长员工较少

选择表层扮演（30~40岁员工的选择不确定），也较少选择深层扮演，而更多地选择自主调节；小规模部门员工基本上相对更多选择表层扮演，而中等规模部门员工相对更多选择深层扮演。工作年限短的员工比工作年限长的员工更多选择表层扮演，分界的年限是5~6年。

7.1.2 组织情境的整体便利程度会增强员工的服务氛围感知

组织情境对服务氛围的影响，整体便利程度发挥显著的作用，而部门间支持在本书中可能由于样本数量的原因并不显著。

这一结论表明，组织为员工交付优质服务提供了资源、培训、管理及其他辅助设施等方面的有效支持，员工对与服务氛围的感知会增强。微观感知合成服务氛围的整体感知。组织情境的整体便利程度向员工传递了组织对服务的战略关注，激发员工交付有效服务的愿望，组织情境便利具有较强的预测作用，可以有效地解释服务氛围变化的58.1%。

组织情境向员工传达服务承诺、保证员工服务交付质量，是最显著、最有形的管理行动、管理政策和程序的代表，是下属过滤氛围信息的关键，构成了员工对氛围感知的基础；便利的组织情境包含了设立服务质量标准；推崇、认可服务；为员工清除实现服务行为的障碍；领导的以身作则、确保服务所需资源的可获得性。在为员工提供服务支持的同时也提供了翔实的服务信息。服务氛围在服务交付管理的支持下形成。支持的重要来源之一是领导者/主管，他们在向员工传达服务承诺和保证员工服务交付质量方面发挥关键作用。有效型领导进行任务导向的、人员导向的活动，设计很高的绩效（包括提供优质的服务），鼓励和授权员工实现这些目标，提供公平的回报以加强积极的行为（如卓越的服务绩效）。转换型领导进行"阐述美好的顾客服务愿景、激发员工赢得顾客忠诚的热情与乐观、担当员工服务中的魅力角色典范，鼓励服务顾客的新方式、认可员工的个人需求和贡献"。这些都有助于较好的服务氛围。研究显示，在团队层面，转换型领导与服务氛围积极相关。与一般领导行为可以通过不同战略发挥作用不同，服务导向的领导行为专注于"认可和奖励优质服务，消除服务交付中的障碍，为服务质量设立清晰的标准"，重视顾客投入。领导行为向员工明确重视优质服务的期望与奖励，确保员工拥有交付优质服务的自主权和足够的支持。领导的服务关注行为对群体服务氛围有着重要的影响。领导可以传达理解顾客和获取顾客回报的要求，这也有助于对服务的重视。领导对获取顾客投入的强调和服务交付的关注与员工对服务热情的感知密切相关。

旨在提高员工的综合能力、积极性和授权的制度设计是人力资源战略研究关注的焦点，这些制度力图将权力从高层管理者转向员工，鼓励员工增强他们的总体绩效，最终转化为公司绩效如公司利润和股东价值最大化。绩效导向的人力资源管理虽然不强调服务质量导向，但会通过将员工的对绩效的期望将绩效与服务氛围联系在一起。尽管一般人力资源管理措施通常不是以服务质量为导向，但是会通过提高对员工绩效的整体期望与服务氛围联系在一起。通过人力资源管理整合与绩效相关的组织因素，组织激励员工追求高绩效目标为高绩效提供授权和支持。允许自我管理和弹性工作鼓励员工自发交流和解决问题，因此，逐渐形成一种服务氛围。组织支持如培训和自治对员工工作授权和服务氛围有预测作用。有利于工作绩效的工作属性对员工为顾客创造愉快体验也非常重要。人力资源管理如招募与甄选、社会化、奖励和惩罚等能够建立员工执行组织鼓励行为的预期，如出勤、保留意愿、组织公民行为。这些措施共同向员工传达组织对员工绩效期望的信息。

7.1.3 服务氛围的共享感知影响员工的情绪劳动，同时服务氛围在组织情境与情绪劳动之间发挥中介效应

情绪劳动是指员工根据一定的展示规则而表现适当情绪的行为，是员工对顾客进行一种印象整饰行为。个体可以根据他人而有目的、有意识地调节自己的行为，以使他人对自己形成特定的社会感知，并形成特定的人际氛围，是为情绪调节过程。在这一过程中发挥作用的不仅是组织的明确公示的组织情绪表达规则，还有服务氛围感知这样的默会知识。服务氛围包括了经过组织、成员和环境之间的相互作用后产生的一系列组织服务重视程度层面的特性。是一个组织所独有的一系列特征，使一个组织区别于其他组织。这些特征是组织中个体或群体可以感觉到组织环境中与优质服务相关的部分，并形成了共享的感知，服务氛围中最关

键的成分应该是个体对组织的知觉，这种知觉是员工在工作中进行情绪调节时的最初唤醒，因而会对个体的行为产生影响。个体对服务氛围的这种共享知觉将组织情境与组织成员的情绪劳动行为连接起来，解释了服务组织中员工进行情绪劳动的行为动机以及员工的情绪表达行为，因此服务氛围的共享感知影响了员工的情绪劳动行为，进而对员工绩效产生影响。

"劳动"一词通常被用于涉及社会学及社会概念的情况下如对劳动的划分，劳动管理关系等；而不用做个体行为或心理概念如工作动机、工作参与度等。情绪劳动指工作可以换取报酬的交换价值；而情绪工作或情绪管理指的是员工使用这种价值的情境，两者的行为是相似的，工作过程的内心过程也相似，但两者的区别在判断个人行为时发挥着重要作用。组织中服务氛围的形成会鼓励服务交付信息在各个层次自由交流、支持员工提出自己的新观点、要求管理这关注下属需求，委派富有挑战性的工作，并为下属交付优质服务提供各种必需的资源。一线员工对自己工作感到拥有更多的自主性和所有权，同事之间和团队内部的支持感和相互协助也会提升。而服务氛围对于员工服务工作的支持感，令员工对顾客的服务中采用更多的情绪因素，利用情绪劳动的交换价值为企业创造效益。服务战略关注的情境激发个体的服务交付的积极情绪，情绪调节发生在两阶段：前向关注调节。个体可以调节情绪的前向因素，如情境、评价；反应关注调节。个体调整情绪的心理或感觉特征。个体的（心理、行为、认知）情绪反应倾向为个体和社会环境中的其他个体提供了信息。

（1）服务氛围感知会引起员工更多的深层扮演。当员工采取深层扮演的情绪劳动策略时，为了表达组织要求的情绪，会尽量从内心体验需要产生的情绪，使自己外在的情绪表达与内心体验之间达到一致。员工不仅要对表情行为进行调整对内心的情感体验也需要调节与管理。在这种情况下，表情行为是发自内心的。服务氛围明确了集体环境中鼓励与褒奖的态度和行为，员工的态度与行为会跟随对服务氛围的共享感知，发自内心的践行组织的服务理念。因此在深层扮演这样一个积极主动的过程中，员工会尽量努力激活以往经历的、可以引起某种情绪的思想、想象和记忆等心理活动，从内心体验出发调动表达组织期望的情绪。同时会较少避免表层扮演的机械表现，在与顾客的互动中建立真诚的人际互动关系。

当员工了解并参与到组织要求、奖励、支持服务的政策、管理措施和程序中，组织对服务的高度评价与预期鼓励员工承担起他们工作的意义，使员工工作中的情绪表达更容易与情感体验取得一致；当员工被吸引、选中或选择留在积极服务氛围的集体环境中他们会更加认同组织的价值并对组织做出承诺，更积极地进行符合组织期望的情绪调节。个体在工作中的情绪调节，也就是情绪劳动，是通过目标层级结构的调节完成的。工作的心理组成部分是工作活动，工作活动是对工作行动的心理调节过程。工作活动由一系列行动步骤组成，由目标及次目标组成的层级金字塔层级结构控制，目标通过控制回路对行为进行调节行动。短期的、行为的目标由较低层级的回路调节；长期的、抽象的目标由较高层级的回路调节。服务氛围的感知改变了员工高层级工作活动的目标，低层级的行为方式也会相应改变。

服务氛围对员工情绪表达行为的影响更多的是在行动调节的智力水平，会对情境进行复杂的分析，设计新的行动计划：目标与环境分析、问题解决以及决策制定。行动调节的主要目的是解决问题。这一水平的行动调节是有意识的、缓慢的、辛苦的、资源有限的。工作是连续的系列，需要进行一步接一步地解释反馈。

（2）服务氛围感知会引起更多的自主调节策略。面对同样的工作情境，通过人力资源管理的吸引—选择—磨合、领导、员工互动等过程，员工最终形成了共同的工作情境的情感处理方式。通过社会化学习、甄选程序与奖励和惩罚，使组织创造和维持对工作情境的处理标准，有利于员工在服务中自然地与顾客进行情绪上的交流。在工作中动用情绪因素成为一种常规行动，这一类行动经常发生，可按照长期记忆中储存的行动模式概要进行调节。行动模式是记忆中存储的现成的行动计划，根据特定的情境，如部门对顾客的情绪互动的常态化氛围，相应实施。这些行动计划形成于过去，当面临特定环境时被激发、整合成一种行动程序。这种情绪调节调节自动完成，只需要很少的注意力。

服务氛围强度大的组织内部，员工了解被期望与要求的行为，根据不同的情境做出相应的有利于组织有效性的反应行为。这种行为是员工自由支配的而不是正式奖励系统激励下产生的行为。在这一水平上对行动的调节过程是自动的、模式化的，不需要付出主观努力。行动调节在自体感受与外界服务氛围互动—响应的适应性反馈下进行。在这个水平上，信息的处理是同时的、快速的、不需要努力并且没有明显缺陷。在感觉水平上意识调节无法改变行动方案：行动可以被终止，但很难改变一项正在自动实施的行动。由于感觉水平上的信息处理过程是平行的，因此平行动作的执行和整合都并非难事，行为的困难之处在于需要协调的动作的数量、时间和准确性。

（3）情绪劳动是服务氛围影响顾客体验的途径。顾客体验是对顾客满意、顾客服务质量评价、顾客忠诚等概念的整合。服务氛围对于顾客体验的影响已被以往多项研究证明。服务氛围对服务质量—顾客满意—顾客忠诚因果流的影响是通过员工优质的服务交付行为完成，其中包括情绪的交换行为。服务氛围是一系列员工可以直接或间接感知到的工作环境的属性，是组织内的成员共同感知到的组织政策、办事程序和管理的措施，是组织长期形成的特有的与优质服务相关政策、程序、惯例和工作行为的集合。这些政策、惯例和行为的集合被组织支持强调并鼓励。因此，服务氛围是个体理解组织情绪表达规则的途径，决定了个体对所处组织环境的某方面特征如何思考和感觉。服务利润链模型（Service Profit Chain Model）和情绪感染框架都验证了服务氛围通过员工的情绪表达和情绪调节带来卓越的顾客体验过程。员工作为服务企业与顾客接触的关键人物（Boundary Spanners）在服务中的态度与情绪表达行为显示了组织对服务的战略关注、顾客导向的组织职能的信息。通过服务接触过程，员工的情绪表达行为直接影响到顾客的态度，如感知友好度、积极情绪、停留时间、交易后的积极情感。员工的情绪表达行为，包括正向的适宜的个人情绪、良好的情绪表达、服务行为和顾客导向的组织公民行为，为顾客直接创造了愉快的体验，在感知服务质量、在店积极情绪（In-store Positive Moods）、停留时间和购买意愿等方面都带来更好的感受。

（4）服务氛围具有明显的中介效应。如前所述，组织情境对员工的情绪劳动产生的影响，小于服务氛围中介组织情境对情绪劳动的影响，服务氛围在组织情境与情绪劳动之间起到了部分中介效应。换言之，组织为员工提供的服务基础性组织情境，如支持性资源等，是通过员工对这些因素反映的组织重视服务的共享认知来影响员工的情绪劳动策略的。没有这种共享认知及没有服务氛围，再完善的组织情境，也不会引起员工的情绪劳动。需要强调的是本研究验证的服务氛围的中介效应是在组织情境的整体便利程度与情绪劳动的深层扮演和自主调节之间。具体而言，由于部门间支持与服务氛围的路径系数并不显著，因此无法支持两者之间的关系，同时，部门间支持也不能够产生深层扮演或自主调节。此外，服务氛围并不会影响员工的表层扮演，两者之间的路径系数较低，同时并不显著；整体便利程度与表层扮演之间的关系也没有得到验证。

7.1.4 组织情境、服务氛围影响情绪劳动的调节变量

本书分析了年龄、性别、文化程度、工作年限、工作职务、收入水平、男女比例、部门规模等个体变量对组织情境、服务氛围与情绪劳动关系的调节作用。分析结果显示，除年龄、文化程度、工作年限外，其他个体变量对服务氛围与情绪劳动的关系的调节作用均不显著。因此，可以说员工的年龄、文化程度、工作年限是服务氛围影响情绪劳动的调节变量。

7.2 对管理实践的启示

服务组织为顾客提供优质服务，是通过员工的服务交付过程实现的。在服务交付过程中除了良好的服务环境等硬件因素，服务人员、组织服务氛围等软件因素发挥着重要的作用。全面服务质量管理需要上述因素共同为顾客提供令其满意的服务，通过员工的服务行为满足顾客的需要，实现组织的价值。而服务交付过程，不仅限于良好的组织服务环境、微笑亲切的服务员工、优质的商品与服务等，更需要员工与顾客之间的良好互动，为顾客提供的包括情感体验在内的全方位的服务体验。员工在服务交付中代表了组织对服务品质的战略关注，是体现组织服务战略的关键节点，因此如何令员工在工作中做出正确的情绪表现，使顾客获得良好的情感体验，贯彻组织的服务战略是值得服务企业思考的问题。本书发现，员工的情绪劳动与组织的服务氛围之间存在关系，组织积极的服务氛围可以令员工在工作中有更多的深层扮演和自主调节，说明组织的服务氛围对于员工在工作的情绪表现有积极重要的意义。因此，组织建立良好的组织服务氛围，通过

员工筛选、培训、鼓励加强对员工情绪劳动的管理，有利于员工在工作中选择合适的情绪劳动策略，为顾客带来更好的情感体验与服务体验，从而提高顾客对组织服务的满意度，对组织的认同感等。具体而言，本书对管理实践的启示包括以下几个方面：

7.2.1　建立良好的组织服务氛围，重视服务的整体便利程度

建立良好的组织服务氛围，关键是要在员工中形成组织重视服务质量的共享认知，在服务组织的管理制度和工作程序的设计上体现组织对服务质量的要求、支持和奖励，并且通过主管的领导行为、人力资源管理如培训、人才选拔以及相关部门的支持等方面令员工切实感知到组织对服务质量的战略重视，形成组织重视服务质量的惯例和集体工作行为方式。

首先，服务员工的主管领导选择合适的领导方式，如变革型领导或基础型领导还是服务导向型领导，为员工服务提供支持，不论是提供远见或使命感，更新下属日常生活和发展需要，还是为员工服务做好各种基础性的支持工作。管理者的领导行为通过组织的政策和程序等向组织员工传达了组织服务导向的理念，通过授权的形式令员工感受到组织对员工服务工作的支持。组织还应通过激励措施实现员工的组织认同，激发员工的工作热情，进而提升企业的服务绩效。

其次，明确组织与服务相关的政策内涵，在组织内部实行服务导向政策。通过明确的企业制度、章程等的设计突出服务质量在企业战略中的地位，向员工明示企业对优质服务的重视、奖励与支持。通过领导行为等具体方式令员工对组织的服务导向政策形成共享感知。组织政策的内涵从某种程度上体现了组织的领导风格导向，员工对组织特征的感知来源于组织的各项政策、程序和惯例。因此，组织政策和制度的建立要在工作内容的基础上充分考虑员工的合理需求，重视员工在服务交付中可能的需要，在领导行为中体验出对这种需求的重视，使员工实际感知到组织以服务为导向的政策支持及实践。在组织的制度设计与制度实施层面奠定服务氛围形成的基础。

最后，实施服务导向的人力资源管理。组织在人力资源管理实践中，在招聘、培训和绩效考核等环节要以服务为导向，向员工传达企业重视服务质量的信

号，例如在招聘环节，通过测试选择具有外向性、责任心和愉悦性的对象，通过面试测试应聘人员的服务意识、服务能力和对服务的态度，选择综合服务素质优秀的人员充实一线服务员工对物。从个体性格和服务素质及能力方面减少一线员工与今后服务工作不相匹配带来的冲突。重视顾客的反馈，采取多种方式收集听取顾客评价，并设计良好的顾客反馈途径将顾客评价反馈给一线员工。在绩效考核、内部晋升方面重视服务绩效，以其作为主要的考核指标，绩效考核结果适度考虑顾客评价，将员工经济收益与服务绩效挂钩，使员工清楚的了解组织对员工服务能力与服务绩效的重视，并且重视对员工服务技能的培训。

7.2.2 为员工特别是新员工提供情绪劳动相关的培训

本书的研究结果显示，新进员工较多采取表层扮演而老员工则更多采取自主调节或深层扮演。因此组织有必要根据服务工作特点，为员工尤其是新进员工提供有关情绪劳动的相关培训。注重服务人员的情绪管理技能的培新，通过多种途径帮助员工调节压力，解决工作中出现的各种问题。已有研究表明，深层扮演会提高员工的工作满意度，组织可以向员工更多的介绍深层扮演与自主调节策略，例如帮助员工改善对情绪实践的评价与认知的能力，进一步减少服务员工的情绪失调，较多实现内心感受与应有情绪表达之间的一致，进而保存心理资源，提高服务员工的工作满意程度。服务员工对情绪劳动策略的了解不仅可以使其理解情绪劳动，也可以使员工学会如何为顾客提供更加周到、真实的热情服务，并能从服务交付工作中获得自我价值的实现，增加工作满意度。组织可以运用相关训练课程和援助计划，以此提高员工的情绪劳动能力，从而减少服务交付中的情绪障碍。

人力资源管理部门可以提供多种途径化解员工的负面情绪，例如设置心理发泄场所，聘请心理咨询师。建立员工负面情绪的疏导机制，多渠道对员工情绪管理，不仅仅依靠员工个人的情绪调节能力，以此创造良好的提高员工情绪劳动能力的组织环境，提高员工的工作效率。

另外，根据本书的研究结果显示，中青年、工作年限在 5 年左右、文化程度中高等（如大学本科）的员工在组织情境、服务氛围和情绪劳动的方面的表现要明显优于年轻者或工作年限长者，因此服务组织应该要给予中青年、具有一定工作年限的员工更多的机会，了解他们的特性与需求，积极开发中青年服务员工，同时也为年轻员工树立了标杆，可以鼓励吸引更多年轻员工积极投入服务工作，从与顾客的互动与服务交付中获得成就与满足，提升其服务绩效。可以将内部选拔和外部招聘结合起来，鼓励中青年、具有一定工作经验的服务员工担任管理人员，在团队中承担工作联系、服务支持等工作，付出虽多，但同时也受到组织和上级主管以及同事的肯定与重视，在组织中得以树立情绪劳动典范，彰显组织对优质服务的重视程度，也有利于组织服务氛围的形成。

7.2.3 重视情绪劳动，给予正面回馈

情绪劳动在现今的服务工作中无法避免，而且已有研究发现其与工作产出有正向的关系，无论是服务质量还是服务绩效。但在服务组织的日常管理中，情绪劳动常常被作为服务员工工作的基本要求之一，简单概括地被理解为诸如微笑服务之类的服务基本前提。而 Pugh（2001）的研究发现员工的情绪劳动在与顾客互动的过程中，情绪劳动策略的实现不仅限于如微笑等面部表情，亦包括举止、神态、身体语言等方面。情绪劳动需要员工动用的资源可能很多，进行了诸多努力在互动中的效果可能也不尽如人意，即使与顾客互动效果较好，服务组织若将此视为当然，员工情绪劳动的积极性势必较低。因此服务组织对情绪劳动应给予更多的重视和具体的要求，并且相应地，当员工在服务交付中较好地完成了情绪工作时，组织应给予正面的回馈，如适当的奖励等。

7.2.4 创造良好服务氛围，激发员工情绪劳动

员工在服务交互过程中与顾客进行着包括情绪在内的互动，情绪劳动中员工根据展示规则表现适当的情绪。这里的展示规则不限于明示的展示规则也包括员工感知到的服务氛围。只有当组织的情绪表达规则被员工感知到组织对其非常重视时，服务员工才会愿意付出心理资源，采取深层扮演或自主调节，来换取顾客的服务满意或者服务体验（情绪体验）。如果情绪展示规则只限于组织规则并未

被员工形成共享感知，也就是成为了服务组织规定的一纸空文，也就不会引起员工付出资源采取情绪劳动策略，就如本书证明的，服务氛围在组织情境与情绪劳动之间发挥着中介作用。因此，服务组织要通过员工服务行为使顾客获得良好的服务体验（包括情感体验在内），组织的工作规范，情绪表达规则必须是可以令员工感知的，也就是说，员工可以感受到组织对某方面的要求，如服务质量或者情绪劳动是可以通过领导行为、组织各项管理职能和组织政策、程序切实感受得到的。因此，除了以往研究所指出的，服务组织的工作要求、工作特性、员工的情绪状态、情感事件等方面可以影响员工的情绪劳动以外，服务组织的服务氛围也会影响员工的情绪劳动，所以不难理解为什么有些服务组织服务条例完善、工作手册具体，而顾客却很难从其员工的服务中体会到贴心、诚意、满意，原因就是这种服务规程下的机械行为，缺乏员工的情绪参与，而员工没有情绪劳动或进行表层扮演的原因就在于组织内的服务导向仅限于条文而并未形成服务氛围。

7.3　研究局限

随着组织绩效内涵及范畴的扩展，特别是服务营销在组织行为中的重要性的提出与实践，对组织服务绩效影响因素及其作用机制的研究提出新的要求，同时服务营销，如员工的服务行为受到了更多的关注。本书的研究验证了服务氛围对情绪劳动的影响。在理论分析和实证研究的基础上，建立了服务氛围对情绪劳动的影响机制，形成了服务氛围—情绪劳动模型，该模型明确指出了基于组织服务整体情境下服务氛围对员工情绪劳动策略的选择的影响；针对服务氛围对组织顾客服务体验影响过程的内在机理进行了深入剖析，提出了为服务氛围—员工情绪劳动—顾客体验的组织服务交付渠道，将组织行为与顾客体验管理通过氛围—情绪—体验有效联系起来，更好地阐释了服务交付的性质，为今后在该领域的研究开辟了一条新的路径。

但是，尽管大量样本和多个控制变量证明了本次研究的力度，但限于某些条件的制约，本书仍存在着一些限制因素具体如下：

（1）虽然采取了电话访问、面谈、深入访谈等多种方式获取信息，在问卷设计和统计上也采取了措施尽量减少同源误差，但本书的数据主要还是通过问卷调查获得，由于人力、物力、时间的限制，问卷中的所有题目都是由同一被试回答的，特别是对情绪劳动的策略是以自我报告的方式进行的，因此难免存在同源误差（CMV）的问题。将来的研究可考虑使用多种调查手段，同时借鉴国外许多研究的做法，尽可能由研究者对情绪劳动策略进行第三方观察获得信息，从而最大可能地降低同源误差。

（2）本书采用李克特五分法对组织服务氛围及基础、情绪劳动策略进行测量，由于涉及较为敏感的部门氛围、服务质量、领导行为及个人工作表现问题，参加问卷调查填写者可能由于某种原因而选择有意地回避这些问题，难以区分这些问题对他们产生的影响程度，从而不能真实地表达他们的想法。如果出现这种情况，将会影响本书的结论。因此，在问卷调查过程中，需要尽可能地排除外界干扰，让被调查者如实填写问卷。另外，荣泰生（2009）指出在 AMOS 中变量的测量尺度最好是连续量尺，如果要使用李克特量表，最好使用 6 或 7 点量度，以减少数据过度偏态的现象。本书实证部分模型拟合优度部分指标存在的问题可能与五分法设计有部分关系。

（3）研究样本并不是通过随机抽样获取，而是选择抽样，采用滚雪球的方式获取（通过同学、朋友、亲戚、熟人的介绍联系到被试单位和被试员工选取的单位和被试）。尽管在取样时综合考虑了行业、员工性别、岗位、年龄、工作年限等因素的平衡，但样本的选取过程仍然属于非随机抽样，这种取样方式削弱了研究结果的效度，建议将来的研究在条件允许的情况下，尽量通过规范的随机抽样或分层抽样的方式来选择样本，从而提高研究结果的推广性和可信度。

（4）由于本书是截面研究，只能代表某个时点的状态，因此我们不清楚地确定组织情境、服务氛围、情绪劳动之间的因果关系和他们的动态关联，未来的研究可以采用时间序列的研究方法，通过纵向的追踪来研究变量之间的关系以及组织情境、服务氛围与情绪劳动的变化过程和互动关系。或者采用实验法，在实验室中控制潜在原因或外在变量的情况下对实验变量进行操作，从而建立、测量各实验变量之间的因果关系。

因此，受上述因素及作者的知识和能力水平所限，本书存在以下几个方面的局限性：

（1）研究对象。在研究对象方面，本书选取了沈阳的银行、餐饮、旅游、销售和零售业作为研究对象，虽然涵盖了代表性服务行业以及东北地区服务企业的情绪劳动及服务氛围的特性，但是将研究结果推论到全国更广泛的区域仍需进一步论证，由于主观因素的影响，可能有不同的地区文化影响服务氛围情境因素和情绪劳动的个体差异的结果。因此，在未来研究可以对区域样本进行扩充，以便了解区域文化是否作为情境影响因素影响服务氛围与情绪劳动的关系。

（2）研究工具。有关情绪劳动策略的测量方式存在不同维度，量表的结构并未涉及情绪劳动的工作特性，而只要由被试主观评定对达到情绪规范所付出心力的大小，因此建议未来研究可以从情绪劳动工作特性和情绪策略两个方面评价服务氛围—情绪劳动关系的影响以及工作特性对这种关系的调节作用。一些学者认为情绪劳动应该包含一种多面向的概念，故未来的研究可以多面向的测量情绪劳动，包括表达策略、频率、情绪强度、多样性等，并且探讨彼此间的关系。

（3）研究角度。个体情绪劳动的程度及选择受到众多因素的影响，除了前文指出的前因变量、个体变量，组织中员工之间的关系、员工互动程度等都会对员工情绪劳动造成影响。本书主要建立了服务氛围与情绪劳动的关系，对这些因素对情绪劳动的影响程度并未分析，因此今后可以就服务氛围—情绪劳动的调节和控制变量方面进行更多的深入研究。

附　录

服务氛围与情绪劳动调查问卷

先生/女士：

　　您好！

　　这是一份学术性的研究问卷，目的在于了解贵部门的服务氛围和您对顾客情绪工作的情况，非常感谢您在百忙中抽空填写问卷，答案无所谓对错，请您根据个人的实际感受和看法填写。您的宝贵意见是本研究成功的最大关键。问卷采用不记名方式，全部资料仅作统计分析之用，绝不对外公开，不会给您和贵单位带来任何不良影响，请安心填写，请勿漏题，衷心感谢您的支持和参与。

第一部分　情绪劳动测量

　　下列表述是您自己在工作中可能会遇到的感受和情况，请在最符合您实际情况的分值上打"√"，如果有问题让您感到比较模糊，请不必反复推敲，只要按照自己的第一感觉填写即可。不同分值从 1~5 代表表述与您实际情况的符合程度逐步增加，1 = 完全不符合，2 = 有些不符合，3 = 基本符合，4 = 比较符合，5 = 完全符合。

题目	完全不符合←→完全符合				
1. 工作时表现出适当的情绪，对我而言如同演戏一样	1	2	3	4	5
2. 当与客户/顾客接触时，我假装有好心情	1	2	3	4	5
3. 与客户/顾客接触时我采用"秀"一下或者表演的方式	1	2	3	4	5
4. 我仅仅是假装拥有工作中需要表现的情绪	1	2	3	4	5
5. 为了表现特定的表情，我会戴上"面具"	1	2	3	4	5
6. 我对客户/顾客表现的情绪与内心感受不同	1	2	3	4	5
7. 面对客户/顾客时我假装表现出工作所需要的情绪	1	2	3	4	5
8. 我尝试去实际体会我应向客户/顾客表现的情绪	1	2	3	4	5
9. 我努力去实际感受需要对别人表达的情绪	1	2	3	4	5
10. 我竭尽全力去感受需要对客户/顾客表现的情绪	1	2	3	4	5
11. 我致力于从内心调动应该对客户/顾客表现的情绪	1	2	3	4	5
12. 我对客户/顾客表现的情绪是真实的	1	2	3	4	5
13. 我对客户/顾客表现的情绪是自然流露的	1	2	3	4	5
14. 我对客户/顾客表现的情绪与我当时的感受一致	1	2	3	4	5
15. 接待客户/顾客时我进行的是重复性活动	1	2	3	4	5

第二部分　服务氛围测量

下列表述是有关您所在部门的一些描述，请根据您的实际情况在最符合的分值上打"√"，1＝完全不符合，2＝有些不符合，3＝基本符合，4＝比较符合，5＝完全符合。

题目	完全不符合←→完全符合				
16. 我所在部门的员工具备提供优质工作和服务的专业知识和技能	1	2	3	4	5
17. 我所在部门对工作和服务质量的考核和追踪体系十分完善	1	2	3	4	5
18. 我所在部门对于提供优质服务的员工会给予肯定和奖励	1	2	3	4	5
19. 我所在部门的总体服务质量很好	1	2	3	4	5
20. 我所在部门的管理层在提高服务质量方面的能力很强	1	2	3	4	5
21. 我所在部门的员工与顾客的沟通效率很高	1	2	3	4	5
22. 我所在部门为员工交付优质服务提供了很好的工具、技术和其他资源	1	2	3	4	5

第三部分　组织情境测量

下列表述是有关您所在部门的一些描述，请根据您的实际情况在最符合的分值上打"√"，1 = 完全不符合，2 = 有些不符合，3 = 基本符合，4 = 比较符合，5 = 完全符合。

题目	完全不符合←——→完全符合				
23. 我的主管会回应我的指导和帮助请求	1	2	3	4	5
24. 我所在部门拥有工作所需的计算机工具和资源	1	2	3	4	5
25. 我所在部门的员工有权掌握或已经掌握了工作所需的产品及相关政策的信息	1	2	3	4	5
26. 我所在部门的员工经常接受介绍新产品新服务的培训	1	2	3	4	5
27. 给我最大支持的部门的员工有丰富的工作知识	1	2	3	4	5
28. 给我最大支持的部门为我提供的整体服务质量很高	1	2	3	4	5
29. 给我最大支持的部门的员工有很强的合作精神	1	2	3	4	5

第四部分　基本数据

1. 您的年龄：

□20 岁以下　　　□20 ~ 25 岁　　　□25 ~ 30 岁　　　□30 ~ 35 岁

□35 ~ 40 岁　　　□40 ~ 45 岁　　　□45 ~ 50 岁　　　□50 岁以上

2. 您的性别：

□男　　　　　　　□女

3. 您的文化程度：

□大专以下　　　□大专　　　　　　□大学本科　　　　□硕士及以上

4. 在现单位工作的年限：

□不满 1 年　　　□1 ~ 3 年　　　　□4 ~ 6 年　　　　□7 ~ 10 年

□10 年以上

5. 您的工作职务：

□一般员工　　　□一般管理人员　　□中层管理人员　　□高层管理人员

6. 您现在的月平均收入：

□2000 元以下　　□2000 ~ 3000 元　□3000 ~ 4000 元　□4000 ~ 5000 元

□5000 元 ~ 8000 元　　　　　　　□8000 元以上

7. 您公司的男女员工比例是：

□几乎全是男性　□男性占大多数　　□男女各半　　　　□女性占大多数

□几乎全是女性

8. 您所在部门员工的人数是：

□10 人以下　　　□10 ~ 20 人　　　□20 ~ 50 人　　　□50 ~ 100 人

参考文献

［1］ Adelmann P. K. & Zajonc R. B. Facial Efference and the Experience of E-motion ［J］ Annual Review of Psychology, 1989 (40): 249 – 280.

［2］ Ahearne M. , Mathieu J. & Rapp A. To Empower or not Toempower Your Sales Force? An Empirical Examination of the Influence of Leadership Empowerment Behavior on Customer Satisfaction and Performance ［J］ . Journal of Applied Psychology, 2005 (90): 945 – 955.

［3］ Anderson N. R. and West M. Measuring Climate for Work Group Innovation: Development and Validation of the Team Climate Inventory ［J］ . Journal of Organizational Behavior, 1998, 19 (3): 235 – 258.

［4］ Antioco Michael, Rudy K. Mosenart, Adam Lindgren and Martin G. M. Wetzels, Organizational Antecedents To and Consequences of Service Business Orientations in Manufacturing Companies ［J］ . Journal of the Academy of Marketing Science, 2008, 36 (3): 337 – 358.

［5］ Ashforth B. E. & Humphrey R. H. Emotional Labor in Service Roles: The Influence of Identity ［J］ Academy of Management Review, 1993, 18 (1): 88 – 115.

［6］ Austin E. J. , Dore TCP, O'Donovan KM. Associations of Personality and Emotional Intelligence with Display Rule Perceptions and Emotional Labour ［J］ . Personality and Individual Differences, 2008 (44): 679 – 688.

［7］ Bailey J. , McCollough M. Emotional Labour and the Difficult Customer: Coping Strategies of Service Agents and Organisational Consequences ［J］ . Journal of Professional Services Marketing, 2000 (20): 51 – 72.

［8］ Baron R. M. & Kenny D. A. The Moderator – mediator Variable Distinction in Social Psychological Research: Conceptual, Strategic and Statistical Considerations ［J］. Journal of Personality and Social Psychology, 1982 （51）: 1173 – 1182.

［9］ Bettencourt Lance A. and Stephen W. Brown. Contact Employees: Relationships Among Workplace Fairness, Satisfaction, and Pro – Social Service Behaviors ［J］. Journal of Retailing, 1997, 73 （1）: 39 – 61.

［10］ Bettencourt, Lance A. , Kevin P. Gwinner and Matt L. Meuter. A Comparison of Attitude, Personality, and Knowledge Predictors of Service – Oriented Organizational Citizenship Behaviors ［J］. Journal of Applied Psychology, 2001, 86 （1）: 29 – 41.

［11］ Borucki, Chesther C. and Michael J. Burke. An Examination of Service – Related Antecedents to Retail Store ［J］. Journal of Organizational Behavior, 1999, 20 （6）: 943 – 962.

［12］ Bono J. E. , Foldes H. J. , Vinson G. & Muros J. P. Workplace Emotions: The Role of Supervision and Lead – ership ［J］. Journal of Applied Psychology, 2007 （92）: 1357 – 1367.

［13］ Bono J. E. & Vey M. A. Personality and Emo – tional Performance: Extraversion, Neuroticism, and Self – monitoring ［J］. Journal of Occupational Health Psychology, 2007 （12）: 177 – 192.

［14］ Bowen, David E. , Stephen W. Gilliland and Robert Folger. HRM and Service Fairness: How Being Fair with Employees Spills Over to Customers ［J］. Organizational Dynamics, 1999, 27 （3）: 7 – 24.

［15］ Bowen, David E. , Caren Siehl and Benjamin Schneider. A Framework for Analyzing Customer Service Orientations in Manufacturing ［J］. Academy of Management Review, 1989, 14 （1）: 75 – 95.

［16］ Bowen, David E. Managing Customers as Human Resources in Service Organizations ［J］ Human Resource Management, 1986, 25 （3）: 371 – 384.

［17］ Bowen, David E. and S. Douglas Pugh Linking Human Resource Management and Customer Outcomes ［M］. The Routledge Companion to Strategic Human Resource Management, J. Storey, P. M. Wright and D. Ulrich, eds. New York: Rout-ledge, 2009: 502 – 518.

[18] Bowen D. E. & Ostroff C. Understanding HRM – firm Performance Linka-ges: The Role of the "strength" of the HRM System [J]. Academy of Management Review, 2004 (29): 203 – 221.

[19] Brodie, Roderick J., Linda D. Hollenbeck, Juric Biljana and Ana Il-ic. Customer Engagement: Conceptual Domain, Fundamental Propositions, and Implica-tions for Research [J]. Journal of Service Research, 2011, 14 (3): 252 – 271.

[20] Brotheridge C. M. & Grandey A. A. Emotional Labor and Burnout: Com-paring two Perspectives of People Work [J]. Journal of Vocational Behavior, 2002 (60): 17 – 39.

[21] Brotheridge C. M. & Lee R. T. Testing a Conser – vation of Resources Model of the Dynamics of Emotionallabor [J]. Journal of Occupational Health Psychol-ogy, 2002 (7): 57 – 67.

[22] Brotheridge C. M. & Lee R. T. Development and Validation of the Emotion-al Labour Scale [J]. Journal of Occupational and Organizational Psychology, 2002 (76): 365 – 379.

[23] Brown, Steven P. and Son K. Lam. A Meta – Analysis of Relationships Linking Employee Satisfaction to Customer Responses [J]. Journal of Retailing, 2008, 84 (3): 243 – 255.

[24] Ce'leste M. Brotheridge, Raymond T. Lee, Testing a Conservation of Re-sources Model of the Dynamics of Emotional Labor [J]. Journal of Occupational Health Psychology, 2002, 7 (1): 57 – 67.

[25] Brown, Steven P. and Son K. Lam. A Meta – Analysis of Relationships Linking Employee Satisfaction to Customer Responses [J] Journal of Retailing, 2008, 84 (3): 243 – 255.

[26] Burke M., Rapinski M., Dunlap W. & Davison H. Do Situational Variables Act as Substantive Causes of Relationships between Individual Difference Variables? Two Large – scale Tests of Common Cause Models [J]. Personnel Psychology, 1996

(49)：573 – 598.

[27] Chan, Kimmy Wa, Chi Kin Yim and Simon S. K. Lam "Is Customer Participation in Value Creation a Double – Edged Sword? Evidence from Professional Financial Service Across Cultures [J]. Journal of Marketing, 2010, 74 (5)：48 – 64.

[28] Oaks, Christian, Michael S. , Adela S. Garza and Jerel E. Slaughter. Work Engagement：A Quantitative Review and a Test of Its Relations with Task and Contextual Performance [J]. Personnel Psychology, 2011, 64 (1)：89 – 136.

[29] Christian, Michael S. , Adela S. Garza, and Jerel E. Slaughter. Work Engagement：A Quantitative Review and a Test of Its Relations with Task and Contextual Performance [J]. Personnel Psychology, 2011, 64 (1)：89 – 136.

[30] Chuang, Chih – Hsun and Hui Liao. Strategic Human Resources Management in Service Context：Taking Care of Business by Taking Care of Employees and Customers [J]. Personnel Psychology, 2010, 63 (1)：153 – 196.

[31] Chau, S. L. , Dahling, J. J. , Levy, P. E. & Diefendorff, J. M. A Predictive Study of Emotional Labor and Turn – over [J]. Journal of Organizational Behavior, 2009 (30)：1151 – 1163.

[32] Coelho, Filipe and Mario Augusto. Job Characteristics and the Creativity of Frontline Service Employees [J]. Journal of Service Research, 2010, 13 (4)：426 – 438.

[33] Combs J. , Liu Y. , Hall A. & Ketchen D. How much do High – performance Work Practices Matter? A Meta – analysis of Their Effects on Organizational Performance [J]. Personnel Psychology, 2006 (59)：501 – 528.

[34] Cordes C. L. & Dougherty T. W. A Review and an Integration of Research on Job Burnout [J]. Academy of Management Review, 1993, 4 (18)：621 – 656.

[35] Cooil, Bruce, Lerzan Aksoy, Timothy L. Keiningham and Kiersten M. Maryott. The Relationship of Employee Perceptions of Organizational Climate to Business – Unit Outcomes：An MLPS Approach [J]. Journal of Service Research, 2009, 11 (3)：277 – 294.

[36] Côte', S. A Social Interaction Model of the Effects of Emotion Regulation on

Work Strain [J] . Academy of Management Review, 2005 (30): 509 – 530.

[37] Côte' S. & Morgan L. M. A Longitudinal Analysis of the Association Between Emotion Regulation, Job Satisfaction, and Intentions to Quit [J] . Journal of Organizational Behavior, 2002 (23): 947 – 962.

[38] Cukur CS. The Development of the Teacher Emotional Labor Scale (TELS): Validity and Reliability [J] . Educational Sciences: Theory & Practice, 2009 (9): 559 – 574.

[39] Davies A. Moving Base into High – Value Integrated Solutions: A Value Stream Approach [J] . Industrial and Corporate Change, 2004, 13 (5): 725 – 756.

[40] Diefendorff J. M. , Croyle M. H. & Gosserand R. H. The Dimensionality and Antecedents of Emotionallabor Strategies [J] . Journal of Vocational Behavior, 2005 (66): 339 – 357.

[41] Diefendorff J. M. & Richard E. M. Antecedents and Consequences of Emotional Display Rule Perceptions [J] . Journal of Applied Psychology, 2003 (88): 284 – 294.

[42] De, Jong, Ad, Ko de Ruyter and Jos Lemmink. Service Climate in Self – Managing Teams: Mapping the Linkage of Team Member Perceptions and Service Performance Outcomes in a Business – to – Business Setting [J] . The Journal of Management Studies, 2004, 42 (8): 1593 – 1620.

[43] Dieter Zapf. Emotion Work and Psychological Well – being A Review of the Literature and Some Conceptual Considerations [J] . Human Resource Management Review, 2002 (12): 237 – 268.

[44] Dietz, Joerg S. Douglas Pugh and Jack W. Wiley. Service Climate Effects on Customer Attitudes: An Examination of Boundary Conditions [J] . Academy of Management Journal, 2004, 47 (1): 81 – 92.

[45] Dyer L. & Reeves T. Human Resource Strategies and Firm Performance: What do We Know and Where do We Need to Go? [J] . International Journal of Human Resource Management, 1995 (6): 656 – 670.

[46] Ehrhart, Karen H. , L. Alan Witt, Benjamin Schneider, and Sara Jans-

en. Service Employees Give as They Get: Internal Service as a Moderator of the Service Climate – Service Outcomes Link [J]. Journal of Applied Psychology, 2011, 96 (2): 423 – 431.

[47] Ekman P. Darwin and Facial Expression: A Century of Research in Review [M]. New York, NY: Academic Press, 1973.

[48] Eisenberger R., Cummings J. Armeli Lynch P. Perceived Organizational Support, Discretionary Treatment, and Job Satisfaction [J]. Journal of Applied Psychology, 1997 (82): 812 – 820.

[49] Evanschitzky, Heiner, Christopher Groening, Vikas Mittal and Maren Wunderlich. How Employer and Employee Satisfaction Affect Customer Satisfaction: An Application in Franchise Services [J]. Journal of Service Research, 2011, 14 (2): 136 – 148.

[50] Ferris, Gerald R., Michael M. Arthur, Howard M. Berkson, David M. Kaplan, Gloria Harrell – Cook, and Dwight D. Frink. Toward a Social Context Theory of the Human Resource Management – Organization Effectiveness Relationship [J]. Human Resource Management Review, 1998, 8 (3): 235 – 264.

[51] Fornell, Claes, Michael D. Johnson, Eugene W. Anderson, Jaesung Cha, and Barbara Bryant. The American Customer Satisfaction Index: Description, Findings, and Implications [J]. Journal of Marketing, 1996, 60 (4): 7 – 18.

[52] Frei, Richard and Michael McDaniel. Validity of Customer Service Measures in Personnel Selection: A Review of Criterion and Construct Evidence [J]. Human Performance, 1998, 11 (1): 1 – 27.

[53] Gardner W. L., Fischer D. & Hunt J. G. Emotional Labor and Leadership: Athreatto? [J]. Leadership Quarterly, 2009 (20): 466 – 482.

[54] Gelade G. A. & Young S. Test of the Service Profit Chain Model in The Retail Banking Sector [J]. Journal of Occupational and Organizational Psychology, 2005 (78): 1 – 22.

[55] Glisson C. and James L. R. The Cross – level Effects of Culture and Climate in Human Service Teams [J]. Journal of Organizational Behavior, 2002, 23 (6):

767 – 794.

[56] Gittell, Jody H. Relationships between Service Providers and Their Impact on Customers [J]. Journal of Service Research, 2002, 4 (4): 299 – 311.

[57] Godwyn M. Using Emotional Labor to Create and Maintain Relationships in Service Interactions [J]. Symbolic Interaction, 2006, 4 (29): 487 – 506.

[58] Glomb T. M., Kammeyer – Mueller J. D. & Rotundo M. Emotional Labor Demands and Compensating Wage Differentials [J]. Journal of Applied Psychology, 2004 (89): 700 – 714.

[59] Goffman, Erving. The Interaction Order [J]. American Sociological Review, 1983 (48): 1 – 17.

[60] Goffman, Erving. The Presentation of Self in Everyday Life [M]. New York: Doubleday Anchor Books, 1959.

[61] Gollwitzer P. M. Goal achievement: The Role of Intentions. In W. Stroebe & M. Hewstone (Eds.) [J]. European Review of Social Psychology, 1993 (4): 141 – 185.

[62] Grandey A. A. Emotional Regulation in the Workplace: A New Way to Conceptualize Emotional [J]. Journal of Occupational Health Psychology, 2000 (5): 95 – 110.

[63] Grandey A. A. When "the show must go on": Surface Acting and Deep Acting as Determinants of Emotional Exhaustion and Peer – rated Service Delivery [J]. Academy of Management Journal, 2003 (46): 86 – 96.

[64] Grandey A. A. & Diamond J. A. Interactions Wit the Public: Bridging job Design and Emotional Labor Perspectives [J]. Journal of Organizational Behavior, 2010 (31): 338 – 350.

[65] Grandey A. A., Dickter D. N. & Sin, H. The Customer is Not Always Righ: Customer Aggression and Emotion Regulation of Service Employees [J]. Journal of Organizational Behavior, 2004 (25): 397 – 418.

[66] Grandey A. A., Fisk G. M., Mattila A. S., Jansen K. J. &Sideman L. A. Is "service with a smile" enough? Authenticity of Positive Displays During Service

Encounters [J] . Organizational Behavior and Human Decision Processes, 2005 (96):
38 – 55.

[67] Grandey A. A. , Fisk G. M. & Steiner D. D. Must "Service with a Smile"
be Stressful? The Moderating Role of Personal Control for American and French Employ-
ees [J] . Journal of Applied Psychology, 2005 (90): 893 – 904.

[68] Grandey, Alicia A. , Lori S. Goldberg and S. Douglas Pugh. Why and
When do Stores with Satisfied Employees Have Satisfied Customers? The Roles of Cus-
tomer Responsiveness and Store Busyness [J] . Journal of Service Research, 2011, 14
(4): 397 – 409.

[69] Crawford E. R. , LePine J. A. &Rich B. L. Linking Job Demands and Re-
sources to Employee Engagement and Burnout: A Theoretical Extension and Meta – ana-
lytic test [J] . Journal of Applied Psychology, 2010 (95): 834 – 848.

[70] Gross J. Antecedent and Response – focused Emotio Regulation: Divergent
Consequences for Experience, Expression, and Physiology [J] . Journal of Personality
and Social Psychology, 1989, 74 (1): 224 – 237.

[71] Gross J. J. The Emerging Fleld of Emotion Regula – tion: An Integrative
Review [J] . Review of General Psychology, 1998 (2): 271 – 299.

[72] Gross J. J. & John O. P. Individual Differences in Two Emotion Regulation
Processes: Implications for Affect, Relationships, and Well – being [J] . Journal of
Personality and Social Psychology, 2003 (85): 348 – 362.

[73] Gronroos, Christian and Pekka Halle. Adopting a Service Logic in Manufac-
turing: Conceptual Foundation and Metrics for Mutual Value Creation [J] . Journal of
Service Management, 2010, 21 (5): 564 – 590.

[74] Grtinroos C. Service Management: A Management Focus for Service Compe-
tition [J] . International Journal of Service Industry Management. 1990, 1 (1): 6 –
10.

[75] Gustafsson, Anders, Saara Brax, and Lars Weitell, Setting a Research A-
genda for Service Business in Manufacturing Industries: Introduction. [J] . Journal of
Service Management, 2010, 21 (5): 557 – 563.

[76] Hennig – Thurau T. , Groth M. , Paul M. & Gremler, D. D. Are All Smiles Created Equal? How Emotional Contagion and Emotional Labor Affect Service Relationships [J] . Journal of Marketing, 2006 (70): 58 – 73.

[77] Heskett, James L. , Thomas O. Jones, Gary W. Loveman, W. Earl Sasser, Jr. , and Leonard A. Schlesinger. Putting the Service – Profit Chain to Work [J] . Harvard Business Review, 1994, 72 (3 – 4): 164 – 174.

[78] Hibbert, Sally, Heidi Winklhofer, and Mohammed Sobby Temerak. Customers as Resource Integrators: Toward a Model of Customer Learning [J] . Journal Fervice Esearch, 2012, 15 (3): 247 – 261.

[79] Hochschild A. The Managed Heart: Commercialization of Human Feeling [M] . Berkeley: University of California Press, 1983.

[80] Hofmann D. A. and Stetzer, A. A Cross – level Investigation of Factors Influencing Unsafe Behaviors and Accidents [J] . Personnel Psychology, 1996, 49 (2): 307 – 339.

[81] Homburg, Christian, Jan Wieseke Christian and Torsten Bornemann. Implementing the Marketing Concept at the Employee – Customer Interface: The Role of Customer Need Knowledge [J] . Journal of Marketing, 2009, 73 (7): 64 – 81.

[82] Homburg, Christian W. D. Hoyer, and M. Fastnacht. Service Orientation of a Retailer's Business Strategy: Dimensions, Antecedents, and Performance Outcomes [J] . Journal of Marketing, 2002, 66 (7): 86 – 101.

[83] Hong, Ying, Hui Liao, Hu Jia, and Jiang Kaifeng. Missing Link in the Service Profit Chain: A Meta – Analytic Review of the Antecedents, Consequences, and Moderators of Service Climate [J] . Journal of Applied Psychology, 2013, 98 (2): 237 – 267.

[84] Hur Y. , van den Berg P. T. & Wilderom C. P. M. Transformational Leadership as a Mediator between Emotional Intelligence and Team Outcomes [J] . Leadership Quarterly, 2011 (22): 591 – 603.

[85] Huselid M. A. The Impact of Human Resource Management Practices on Turnover, Productivity, and Corporate Financial Performance [J] . Academy of Man-

agement Journal, 1995 (38): 635 – 672.

[86] James M. Diefendor, Robin H Gosserand. Understanding the Emotional Labor Process: a Control Theory Perspective [J]. Journal of Organizational Behavior, 2003 (23): 945 – 959.

[87] James N. Care = Organisation + Physical Labour + Emotional Labour. [J]. Sociology of Health & Illness. 1992 (14): 488 – 509.

[88] Judge T. A., Woolf E. F. & Hurst C. Is Emotionallabor More Difficult for Some than for Others? A Multi – level, Experience – sampling Study [J]. Personnel Psychology, 2009 (62): 57 – 88.

[89] Johnson, Jeff W. Linking Employee Perceptions of Service Climate to Customer Satisfaction [J]. Personnel Psychology, 1996, 49 (4): 831 – 850.

[90] Kahn, William A. The Essence of Engagement: Lessons from the Field, in Handbook of Employee Engagement: Perspectives, Issues and Practice [M]. S. L., Albrecht, ed. Northampton, MA: Edward Elgar, 2010.

[91] Kahn W. A. Psychological Conditions of Personal Engagement and Disengagement at Work [J]. Academy of Management Journal, 1990 (33): 692 – 724.

[92] Karabanow J. When Caring is Not Enough: Emotional Labor and Youth Shelter Workers. [J]. Social Service Review, 1999, 73 (3): 340 – 357.

[93] Kipnis D. and S. M. Schmidt. Upward Influence Styles: Relationship with Performance Evaluation, Salary and Stress. [J]. Administrative Science Quarterly, 1988 (33): 528 – 542.

[94] Klein H. J. An Integrated Control Theory Model of Work Motivation [J]. Academy of Management Review, 1989 (14): 150 – 172.

[95] Kozlowski S. W. J. & Doherty M. J. Integration of Climate and Leadership: Examination of a Neglected Issue [J]. Journal of Applied Psychology, 1989 (74): 546 – 553.

[96] Kruml S. M, Geddes D. Exploring the Dimensions of Emotional Labor: The Heart of Hochschild's Work [J]. Management Communication Quarterly, 2000 (14): 8 – 49.

[97] Kuenzi M. and M. Schminke, Assembling Fragments into a Lens: A Review, Critique, and Proposed Research Agenda for the Organizational Work Climate Literature [J]. Journal of Management, 2009, 35 (3): 634 –717.

[98] Lam, Catherine K., Xu Huang, and Onne Janssen, Contextualizing Emotional Exhaustion and Positive Emotional Display: The Signaling Effects of Supervisors [J]. Emotional Exhaustion and Service Climate, Journal of Applied Psychology, 2010, 95 (2): 368 –376.

[99] Lam, Simon S. K. and John Schaubroeck, A Field Experiment Testing Frontline Opinion Leaders as Change Agents [J]. Journal of Applied Psychology, 2000, 85 (6): 987 –995.

[100] Lazarus R. S. & Follkman, S. Stress, Appraisal, and Coping [M]. New York: Springer, 1984.

[101] Lenka U., Suar D. & Mohapatra P. K. J. Customer Satisfaction in Indian Commercial Banks Through Total Quality Management Approach [J]. Total Quality Management, 2010 (12): 1315 –1341.

[102] Lewin, Lippitt and White. Patterns of Aggressive Behavior in Experimentally Created "social climates" [J]. The Journal of social psychology, 1939 (10): 271 –299.

[103] Li, Andrew and Russell Cropanzano. Fairness at the Group Level: Justice Climate and Intraunit Justice Climate [J]. Journal of Management, 2009, 35 (3): 564 –599.

[104] Liao, Hui and Aichia Chuang. Transforming Service Employees and Climate: A Multi – Level, Multi – Source Examination of Transformational Leadership in Building Long – Term Service Relationships [J]. Journal of Applied Psychology, 2007, 92 (4): 1006 –1019.

[105] Liao, Hui and Aichia Chuang. A Multilevel Investigation of Factors Influencing Employee Service Performance and Customer Outcomes [J]. Academy of Management Journal, 2004, 47 (1): 41 –58.

[106] Liu Y., Prati L. M., Perrewe P. L. & Ferris G. R. The Relationship be-

tween Emotional Resources and Emotional Labor: An Exploratory Study [J]. Journal of Applied Social Psychology, 2008 (38): 2410 – 2439.

[107] Lively K. J. Reciprocal Emotion Management: Working Together to Maintain Stratification in Private Law Firms [J]. Work and Occupations, 2000 (27): 32 – 63.

[108] Loveman Gary W. Employee Satisfaction, Customer Loyalty and Financial Performance: An Empirical Examination of the Service – Profit Chain in Retail Banking [J]. Journal of Service Research, 1998, 1 (1): 18 – 31.

[109] Lord R. G. & Hanges P. J. A Control System Model of Organizational Motivation: Theoretical Development and Applied Implications. Behavioral Science, 1987 (32): 161 – 178.

[110] Lytle, Richard S. , Peter W. Hom, and Michael P. Mokwa. SERV * OR: A Managerial Measure of Organizational Service Orientation [J]. Journal of Retailing, 1998, 74 (4): 455 – 489.

[111] MacKenzie S. B. & Spreng, R. A. How does Motivation Moderate the Impact of Central and Peripheral Processing on Brand Attitudes and Intentions? [J]. Journal of Consumer Research, 1982 (18): 519 – 529.

[112] Mai, Robert and Stefan Hoffmann. Four Positive Effects of a Salesperson's Regional Dialect on Services Selling [J]. Journal of Service Research, 2011, 14 (4): 460 – 474.

[113] Maslach C. , Jackson S. , Leiter M. Maslach Burnout Inventory Manual [M]. 3rd ed. Palo Alto (CA): Consulting Psychologist Press, 1996.

[114] Masterson, Suzanne S. A Trickle – Down Model of Organizational Justice: Relating Employees' and Customers' Perceptions of and Reactions to Fairness [J]. Journal of Applied Psychology, 2001, 86 (4): 594 – 604.

[115] Maxham, James G. , Richard G. Netemeyer and Donald R. Lichtenstein, The Retail Value Chain: Linking Employee Perceptions to Employee Performance, Customer Evaluations, and Store Performance [J]. Marketing Science, 2008, 27 (2): 147 – 167.

[116] Maxham, James G. , and Richard G. Netemeyer. Firms Reap What They Sow: The Effects of Shared Values and Perceived Organizational Justice on Customers' Evaluation of Complaint Handling [J]. Journal of Marketing. 2003, 67 (1): 48 – 62.

[117] Mayer, David M. , Mark W. Ehrhart, and Benjamin Schneider. Service Attribute Boundary Conditions of the Service Climate – Customer Satisfaction Link [J]. Academy of Management Journal, 2009, 52 (5): 1034 – 1050.

[118] McKay, Peter, Derek R. Avery, Hui Liao and Mark A. Morris. Does Diversity Climate Lead to Customer Satisfaction? It Depends on the Service Climate and Business Unit Demography [J]. Organization Science, 2011, 22 (3): 788 – 803.

[119] Meyerson D. Uncovering Socially Undesirable Emotions. [J]. American Behavioral Scientist, 1990 (33): 296 – 307.

[120] Mills, Peter K. and J. H. Morris. Clients as Partial Employees of Service Organizations: Role Development in Client Participation [J]. Academy of Management Review, 1986, 11 (4): 726 – 735.

[121] Netemeyer, Richard G. James G. Maxham, and Donald R. Lichtenstein. Store Manager Performance and Satisfaction: Effects on Store Employee Performance and Satisfaction, Store Customer Satisfaction, and Store Customer Spending Growth [J]. Journal of Applied Psychology, 2010, 95 (3): 530 – 545.

[122] Morris J. A. & Feldman D. C. The Dimensions, Antecedents, and Consequences of Emotional Labor [J]. Academy of Management Review, 1996, 21 (4): 986 – 1010.

[123] Morris J. A. & Feidman D. C. Managing Emotions in the Workplace [J]. Journal of Managerial Issues, 1997, 9 (3): 257 – 274.

[124] Montgomery A. J. , Panagopolou E. , de Wildt M. & Meenks E. Work – family Interference, Emotional Labor and Burnout [J]. Journal of Managerial Psychology, 2006 (21): 36 – 51.

[125] Narver J. & Slater S. The Effect of a Market Orientation on Business Profitability [J]. Journal of Marketing, 1990 (54): 1 – 18.

[126] Ng T. W. H. & Feldman D. C. The Relationship of Age to Ten Dimen-

sions of Job Performance ［J］. Journal of Applied Psychology, 2008 (93): 392 –
423.

［127］ Oliva, Rogelio and Robert Kallenberg. Managing the Transition from Products to Services ［J］. International Journal of Service Industry Management, 2003, 14 (2): 160 – 172.

［128］ Ostroff C., Kinicki A. & Clark M. Substantive and Operational Issues of Response Bias and Method Variance Across Levels of Analysis: An Example of Climate and Satisfaction ［J］. Journal of Applied Psychology, 2002 (87): 355 – 368.

［129］ Ostrom, Amy L., Mary Jo Bitner, Stephen W. Brown, Kevin A. Burkhardt, Michael Goul, Vicki Smith – Daniels, Haluk Demirkan, and Elliot Rabinovich Moving Forward and Making a Difference: Research Priorities for the Science of Service ［J］. Journal of Service Research, 2010, 13 (1): 4 – 37.

［130］ Parasuraman A., Valerie A. Zeithaml, and Leonard L. Berry. A Conceptual Model of Service Quality and Some Implications for Further Research ［J］. Journal of Retailing, 1985, 64 (1): 41 – 50.

［131］ Parish, Janet T., Leonard L. Berry, and Shun Y. Lam. The Effect of the Servicescape on Service Workers ［J］. Journal of Service Research, 2008, 10 (3): 220 – 238.

［132］ Ployhart, Robert E., Chad H. Van Iddekinge, and William I. MacKenzie, Jr. Acquiring and Developing Human Capital in Service Contexts: The Interconnectedness of Human Capital Resources ［J］. Academy of Management Journal, 2011, 54 (2): 353 – 368.

［133］ Ployhart, Robert E., Jeff A. Weekley, and Jase Ramsey. The Consequences of Human Resource Stocks and Flows: A Longitudinal Examination of Unit Service Orientation and Unit Effectiveness ［J］. Academy of Management Journal, 2009, 52 (5): 996 – 1015.

［134］ Podsakoff, Nathan P., Steven W. Whiting, Philip M. Podsakoff, and Brian D. Bhume. Individual and Organizational – Level Consequences of Organizational Citizenship Behaviors: A Meta Analysis ［J］. Journal of Applied Psychology, 2009, 94

(1)：122 –141.

［135］Pogrebin M. R. & Poole E. D. Humor in the Briefing room：A Study of the Strategic Uses of Human Among Police ［J］. Journal of Contemporary Ethnography，1988，17 (2)：183 –210.

［136］Pugh S. Douglas，Joerg Dietz Jack W. Wiley and Brooks Scott M. Driving Service Effectiveness Through Employee – Customer Linkages ［J］. Academy of Mangement Executive，2002，16 (4)：73 –84.

［137］Pugliesi K. The Consequences of Emotional Labor：Effects on Work Stress，Job Satisfaction and Well – being ［J］. Motivation and Emotion，1999 (23)：125 –154.

［138］Rafaeli A. & Sutton R. I. Expression of Emotion as Part of the Work Role ［J］. Academy of Management Review，1987，12 (1)：23 –37.

［139］Reynoso & Moores. Towards the Measurement of Internal Service Quality ［J］. International Journal of Service Industry Management. 1995，6 (3)：64 –83.

［140］Richards J. M. & Gross J. J. Emotion Regulation and Memory：The Cognitive Costs of Keeping One's Cool ［J］. Journal of Personality and Social Psychology，2000 (79)：410 –424.

［141］Riketta M. The Causal Relation between Job Attitudes and Performance：A Meta – analysis of Panel Studies ［J］. Journal of Applied Psychology，2008 (93)：472 –481.

［142］Rogg，Kirk L.，David B. Schmidt，Carla Shull and Neal Schmitt. Human Resource Practices，Organizational Climate，and Customer Satisfaction ［J］. Journal of Management，2001，27 (4)：431 –435.

［143］Salanova，Marisa，Sonia Agut，and Jose' M. Peiro. Linking Organizational Resources and Work Engagement to Employee Performance and Customer Loyalty：The Mediation of Service Climate ［J］. Journal of Applied Psychology，2005，90 (6)：1217 –1227.

［144］Salvaggio，Amy N.，Benjamin Schneider，Lisa H. Nishii，David E. Mayer，Anuradha Ramesh，and Julie S. Lyon. Manager Personality，Manager Service Quality Orientation, and Service Climate: Test of a Model [J]. Journal of Applied Psychology, 2007, 92 (6): 1741 – 1750.

[145] Saxton, Philips & Blakeney. Antecedents and Consequences of Emotional Exhaustion in the Airline Reservations Service Sector [J]. Human Relations, 1991 (44): 583 – 595.

[146] Schaufeli, Wilmar B. and Arnold B. Bakker. Job Demands, Job Resources and Their Relationship with Burnout and Engagement: A Multi – Sample Study [J]. Journal of Organizational Behavior, 2004, 25 (3): 293 – 315.

[147] Schneider, Benjamin, Mark W. Ehrhart, David E. Mayer, Jessica Saltz and Kathryn A. Niles – Jolly. Understanding Organization – Customer Links in Service Settings [J]. Academy of Management Journal, 2005, 48 (6): 1017 – 1032.

[148] Schneider, Benjamin, Paul J. Hanges, D. Brent Smith, and Amy N. Salvaggio. Which Comes First: Employee Attitudes or Organizational Financial and Market Performance? [J]. Journal of Applied Psychology, 2003, 88 (5): 836 – 851.

[149] Schneider, Benjamin, William H. Macey, Karen M. Barbera, and Nigel Martin. Driving Customer Satisfaction and Financial Success Through Employee Engagement [J]. People and Strategy, 2009, 32 (2): 22 – 27.

[150] Schneider, Benjamin, William H. Macey, Wayne C. Lee, and Scott. A. Young. Organizational Service Climate Drivers of the American Customer Satisfaction Index (ACSI) and Financial and Market Performance [J]. Journal of Service Research, 2009, 12 (1): 455 – 472.

[151] Schneider, Benjamin and Amy N. Salvaggio, and Montse Subirats. Climate Strength: A New Direction for Climate Research [J]. Journal of Applied Psychology, 2002, 87 (2): 220 – 229.

[152] Schneider, Benjamin, Jill K. Wheeler, and Jonathan F. Cox. A Passion for Service: Using Content Analysis to Explicate Service Cli – mate Themes [J]. Journal of Applied Psychology, 1992, 77 (5): 705 – 716.

[153] Schneider, Benjamin, Susan S. White, and Michelle C. Paul. Linking

Service Climate and Customer Perceptions of Service Quality: Test of a Causal Model [J] . Journal of Applied Psychology, 1998, 83 (2): 150 – 163.

[154] Schulte, Mathis, Cheri Ostroff, Svetlana Shmulyian and AngeloKinicki. Organizational Climate Configurations: Relation – ships to Collective Attitudes, Customer Satisfaction, and Financial Performance [J] . Journal of Applied Psychology, 2009, 94 (3): 618 – 634.

[155] Schumann, Jan H. , Florian V. Wangenheim, Anne Stringfellow, Zhilin-Yang, Sandra Praxmarer, Fernando R. Jimenez, Vera Blasevich, Randall M. Shannon, Shainesh G. and Marcin Komor. Drivers of Trust in Relational Service Exchange: Understanding the Importance of Cross – Cultural Differences [J] . Journal of Service Research, 2010, 13 (4): 453 – 468.

[156] Schaubroeck J. & Jones J. R. Antecedents of Workplace Emotional Labor Dimensions and Moderators of Their Effects on Physical Symptoms [J] . Journal of Organizational Behavior, 2000 (21): 163 – 183.

[157] Seibert S. E. , Wang, G. & Courtright S. H. Antecedents and Consequences of Psychological and Team Empowerment in Organizations: A Meta – analytic Review [J] Journal of Applied Psychology, 2011 (96): 981 – 1003.

[158] Sideman Goldberg L. S. & Grandey, A. A. Display Rules Versus Display Autonomy: Emotion Regulation, Emotional Exhaustion, and Task Performance in A Call Center Simulation [J] . Journal of Occupational Health Psychology, 2007 (12): 301 – 318.

[159] Sobel M. E. Asymptotic Confidence Intervals Forindirect Effects in Structural Equation Models. In S. Leinhardt (Ed.) [J] . Sociological methodology, 1982 (13): 290 – 312.

[160] Spencer S. & Rupp D. E. Angry, guilty, and Conflicted: Injustice Toward Coworkers Heightens Emotional Labor Through Cognitive and Emotional Mechanisms [J] . Journal of Applied Psychology, 2009 (94): 429 – 444.

[161] Stenross B. Kleiman S. The Highs and Lows of Emotional Labor: Detectives' Encounters with Criminals and Victims [J] . Journal of Contemporary Ethnogra-

phy, 1989 (17): 435 – 452.

[162] Tan H. H, Foo M. D, Chong C. L, Ng R. Situational and Dispositional Predictors of Displays of Positive Emotions [J] . Journal of Organizational Behavior, 2003 (24): 961 – 978.

[163] Tracy S. Becoming a Character for Commerce Emotion [J] . Management Communication Quarterly, 2000 (14): 90 – 128.

[164] Thomas J. P. , Whitman D. S. & Viswesvaran C. Employee Proactivity in Organizations: A Comparative Meta – analysis of Emergent Proactive Constructs [J] . Journal of Occupational and Organizational Psychology, 2010 (83): 275 – 300.

[165] Tolich M. B. Alienating and Liberating Emotions at Work: Supermarket Clerks' Performance of Customer Service [J] . Journal of Contemporary Ethnography, 1993 (22): 361 – 381.

[166] Towler A. , Lezotte D. V. & Burke M. J. The Service Climate – firm Performance Chain: The Role of Customer Retention [J] . Human Resource Management, 2011 (50): 391 – 406.

[167] Totterdell P. & Holman D. Emotion Regulation in Customer Service Roles: Testing a Model of Emotional Labor [J] . Journal of Occupational Health Psychology, 2003 (8): 55 – 73.

[168] Tsai W. C. Determinants and Consequences of Employee Displayed Positive Emotions [J] . Journal of Management, 2001 (27): 497 – 512

[169] Valentine J. C. , Pigott T. D. & Rothstein H. R. How Many Studies Do You Need? A Primer on Statistical Power for Meta – analysis [J] . Journal of Educational and Behavioral Statistics, 2010 (35): 215 – 247.

[170] Van Kleef, G. A. How Emotions Regulate Social Life: The Emotions as Social Information (EASI) Model [J] . Current Directions in Psychological Science, 2009 (18): 184 – 188.

[171] Verhoef, Peter C. , Katherine N. Lemon, A. Parasuraman, Anne Roggeveen, Michael Tsiros, and Leonard A. Schlesinger. Customer Experience Creation: Determinants, Dynamics and Management Strategies [J] . Journal of Retailing, 2009,

85 (1): 31 –41.

[172] Walker, Alan G. , James W. Smither, and David A. Waldman. A Longitudinal Examination of Concomitant Changes in Team Leadership and Customer Satisfaction [J] . Personnel Psychology, 2008, 61 (3): 547 – 577.

[173] Wallace J. C. , Edwards B. D. , Shull A & Finch D. M. Examining the Consequences in the Tendency to Suppress and Reappraise Emotions on Task – related Job Performance [J] . Human Performance, 2009 (22): 23 – 43.

[174] Walumbwa Fred O. , Chad A. Hartnell, and Adegoke Oke. Servant Leadership, Procedural Justice Climate, Service Climate, Employee Attitudes, and Organizational Citizenship Behavior: ACross – Level Investigation [J] . Journal of Applied Psychology, 2010, 95 (3): 517 – 529.

[175] Walumbwa, Fred O. , Suzanne J. Peterson, Bruce Avolio and Chad A. Hartnell. Relationships of Leader and Follower Psycholo – gical Capital, Service Climate, and Job Performance [J] . Personnel Psychology, 2010, 63 (4): 937 – 964.

[176] Way, Sean A. , Michael C. Sturman, and Carola Raab. What Matters More? Contrasting the Effects of Job Satisfaction and Service Climate on Hotel Food and Beverage Managers' Job Performance [J] . Cornell Hotel Quarterly, 2010, 51 (3): 379 – 397.

[177] Weiss H. M. , Cropanzano R. Affective Events Theory: A Theoretical Discussion of the Structure, Causes and Consequences of Affective Experiences at Work [J] . Research in Organizational Behavior, 1996 (18): 1 – 74.

[178] Wharton A. S, Erickson R. J. The Consequences of Caring: Exploring the Links between Women's Job and Family Emotion Work [J] . The Sociological Quarterly, 1995 (36): 273 – 296.

[179] Wieseke, Jan, Anja Gelgenmuller and Florian Krause. On the Role of Empathy in Customer – Employee Exchanges [J] . Journal of Service Research, 2012, 15 (3): 316 – 331.

[180] Wieseke, Jan, Florian Krause, Sascha H. Alivi, and Tino Kessler – Thones. How Leaders' Motivation Transfers to Customer Service Representatives [J] .

Journal of Service Research, 2011, 14 (3): 214 - 233.

［181］Yagil, Dana. The Service Providers. ［M］. New York: Palgrave Macmillan, 2011.

［182］Yanay N. & Shahar G. Professional feelings as Emotional Labor ［J］. Journal of Contemporary Ethnography, 1998 (27): 346 - 373.

［183］Zapf D. Emotion Work and Psychological Well - being: A Review of the Literature and Some Conceptual Considerations ［J］. Human Resource Management Review, 2002 (12): 237 - 268.

［184］Zapf D. & Holz M. On the Positive and Negative Effects of Emotion Work in Organizations ［J］. European Journal of Work and Organizational Psychology, 2006 (15): 1 - 28.

［185］Zapf D. Vogt C. Seifert C. , Mertini H. &Isic, A. Emotion Work as A Source of Stress: The Concept and Development of an Instrument ［J］. European Journal of Work and Organizational Psychology, 1999 (8): 371 - 400.

［186］Zerbe W. J. Emotional Dissonance and Employee Well - being. //N. M. Ashkanasy（Ed. ）. Emotions in the workplace: Research, Theory, and Practice 2000: 189 - 214. Westport, CT: Quorum Books/Greenwood Publishing Group.

［187］Zohar D. A Group - level Model of Safety Climate: Testing the Effect of Group Climate on Microaccidents in Manufacturing Jobs ［J］. Journal of Applied Psychology, 2000, 85 (4): 587 - 596.

［188］Zohar D. and Gil Luria. A Multilevel Model of Safety Climate: Cross - Level Relationships Between Organization and Group - level Climates ［J］. Journal of Applied Psychology, 2005, 90 (4): 616 - 628.

［189］Zyphur M. J. , Warren C. R. , Landis R. S. & Thoresen C. J. Self - regulation and Performance in High - fidelity Simulations: An Extension of Ego - depletion Research ［J］. Human Performance, 2007 (20): 103 - 118.

［190］艾德里安·佩思. 服务营销 ［M］. 北京: 中国人民大学出版社, 1997.

［191］郭志刚. 社会统计分析方法——SPSS 软件应用 ［M］. 北京: 中国人

民大学出版社，2003.

［192］菲利普·科特勒．营销管理·分析计划、执行和控制（第9版）［M］．梅汝和等译．上海：上海人民出版社，1999.

［193］克里斯廷·格罗鲁斯．服务管理与营销——基于顾客关系的管理策［M］．韩经纶译．北京：电子工业出版社，2002.

［194］库尔特·勒温．拓扑心理学原理［M］．北京：商务印书馆，2003.

［195］孟昭兰．情绪心理学［M］．北京：北京大学出版社，2005.

［196］邱皓政．结构方程模型的原理与应用［M］．北京：中国轻工业出版社，2009.

［197］荣泰生．AMOS与研究方法（第2版）［M］．重庆：重庆大学出版社，2010.

［198］吴明隆．结构方程模型——AMOS操作与应用［M］．重庆：重庆大学出版社，2010.

［199］约翰·M.伊万切维奇，罗伯特．康诺帕斯基等．组织行为与管理［M］．北京：机械工业出版社，2006.

［200］詹姆斯．赫斯克特．服务利润链［M］．牛海鹏等译．北京：华夏出版社，2001.

［201］张文彤.SPSS统计分析教程［M］．北京希望电子出版社，2002.

［202］曹益诚．服务人员外显行为对顾客情绪、顾客满意度及顾客忠诚影响之研究以性别角色与人格特质为干扰变数［M］．台湾：辅仁大学管理学研究所，2006.

［203］陈秋萍．我国饭店情绪劳动管理研究［J］．北京第二外国语学院学报，2007，145（5）：40-44.

［204］陈永愉．服务氛围与顾客满意度关联性之研究［J］．技术与方法，2009，9（28）：81-84.

［205］程红玲，陈维政．情绪劳动：概念的追溯与建构［J］．华东经济管理，2009，23（11）：117-121.

［206］杜建刚，范秀成，服务失败情境下顾客损失、情绪对补救预期和顾客抱怨倾向的影响［J］．南开管理评论，2007，10（6）：4-10.

［207］杜建刚，范秀成．补救后满意中的面子与情绪机制研究［C］．JMS中国营销科学学术年会论文集，2007．

［208］范丽群，石金涛等．国外组织气氛研究综述．［J］．华东经济管理．2006，20（1）：100 - 103．

［209］范秀成．顾客满意导向的服务企业顾客抱怨管理体系分析［J］．中国流通经济，2002（2）：40 - 44．

［210］范秀成，杜建刚．服务消费中多次情绪感染对消费者负面情绪的动态影响机制［J］．心理学报，2009，41（14）：346 - 356．

［211］范秀成，刘建华．顾客关系、信任与顾客对服务失败的反应［J］．南开管理评论，2004，7（6）：9 - 14．

［212］范秀成，赵先德，庄贺均．价值取向对服务业顾客抱怨倾向的影响［J］．南开管理评论，2002，5（5）：11 - 16．

［213］韩小芸，温碧燕和伍小弈．顾客消费情感对顾客满意感的影响［J］．南开管理评论，2004（7）：39 - 43．

［214］何云，张秀娟．我国顾客消费情感分类的初步研究［J］．消费经济，2006，22（4）：16 - 19．

［215］衡书鹏，王志东，赵换方．情绪表现与表现规则认知表现规则承诺的中介作用［J］．黑龙江教育学院学报，2007，26（3）：58 - 60．

［216］胡君辰，杨林锋．情绪劳动要求与情绪耗竭：情绪劳动策略的中介作用研究［J］．心理科学，2009，32（2）：423 - 426．

［217］胡君辰，杨林锋．员工情绪表现结构维度及对感知服务质量影响初探［J］．管理评论，2012（24）：116 - 126．

［218］胡青．情绪工作对工作满意度的影响：探索上级支持的缓冲作用和情感承诺的中介作用［D］．浙江大学博士学位论文，2006．

［219］黄晶．基于顾客关系的顾客感知服务质量管理研究［D］．南开大学博士学位论文，2002．

［220］黄敏儿，吴钟琦，唐淦琦．服务行业员工的人格特质、情绪劳动策略与心理健康的关系［J］．心理学报，2010，42（12）：1175 - 1189．

［221］金立印．服务接触中的员工沟通行为与顾客响应［J］．经济管理，

2008, 30 (18): 28 - 35.

[222] 李进. 情绪劳动的概念模型及其内在机制评述 [J]. 商业时代, 2009 (9): 32 - 33.

[223] 李明军. 顾客公平、情绪体验与员工情绪劳动的关系 [J]. 心理学探新, 2011, 31 (4): 359 - 365.

[224] 李欣, 于渤. 服务质量评价特征及服务补救策略 [J]. 管理科学, 2004, 1 (3): 10 - 15.

[225] 李永鑫. 三种职业人群工作倦怠的比较研究: 基于整合的视角 [D]. 华东师范大学博士学位论文, 2005.

[226] 李永鑫, 许绍康, 谭文娟. 服务提供者交际活动与顾客忠诚: 消费情绪的中介作用 [J]. 心理科学, 2009, 32 (2): 449 - 452.

[227] 林川, 黄敏儿. 特质应对与展现规则对情绪劳动的影响 [J]. 心理学报, 2011, 43 (1): 65 - 73.

[228] 凌茜, 汪纯孝, 韩小云, 刘义趁. 组织的服务氛围与员工的情感性劳动对服务质量的影响 [J]. 旅游科学, 2007, 21 (5): 32 - 40.

[229] 凌茜. 服务氛围理论及其对服务型企业管理实践的启示 [J]. 科学与管理, 2009 (19): 11.

[230] 凌茜, 汪孝纯. 服务氛围和服务导向的人力资源管理策略 [J]. 现代管理科学, 2007, 27 (5): 3 - 4.

[231] 凌茜, 汪纯孝. 饭店管理人员的公仆型领导风格与部门的服务氛围对员工服务质量的影响 [J]. 北京第二外国语学院学报, 2010, 179 (3): 58 - 67.

[232] 凌茜, 汪纯孝, 张秀娟, 刘小平. 公仆型领导、服务氛围与员工集体的情感性归属感对员工的服务质量的影响 [J]. 旅游论坛, 2010, 3 (2): 199 - 207.

[233] 凌文辁, 杨海军, 方俐洛. 企业员工的组织支持感 [J]. 心理学报, 2006, 38 (2): 281 - 287.

[234] 刘小禹, 刘军. 团队情绪氛围对团队创新绩效的影响机制 [J]. 心理学报, 2012 (44): 546 - 557.

［235］刘小禹，薛佳奇，陈可．服务员工与顾客情绪互动的研究现状及展望——基于情绪劳动的视角［J］．管理现代化，2010（2）：12-14.

［236］罗瑾琏，张波，钟竞．认知风格与组织氛围感知交互作用下的员工创造力研究．［J］科学学与科学技术管理，2013，34（2）：144-151.

［237］马鹏，张威．组织氛围视角下的企业内部服务质量测评维度及影响机理研究［J］．华东经济管理，2008，22（11）：100-103.

［238］马淑蕾，黄敏儿．情绪劳动：表层动作与深层动作，哪一种效果更好？［J］．心理学报，2006，38（2）：262-270.

［239］马玉凤，王涛．情绪劳动对服务业员工都是一样的吗？——消极情感和社会技能的调节作用［J］．经济管理，2011，33（5）：95-102.

［240］秦虎，陈斌喆，孟慧．情绪劳动、情绪智力与工作倦怠的关系［J］．心理研究，2011，4（1）：49-54.

［241］邵建平，谭新辉，范雯．人口统计学因素对管理人员情绪劳动影响的实证研究［J］．华东经济管理，2011，25（5）：157-160.

［242］时金献，谭文娟．服务提供者交际活动与顾客忠诚的关系［J］．心理科学，2008，30（5）：1239-1242.

［243］孙俊才，乔建中．情绪性工作的研究现状［J］．心理科学进展，2005（1）：85-90.

［244］谭文娟，李永鑫．服务提供者交际活动量表的修订［J］．中国健康心理学杂志，2008（2）：282-284.

［245］汤超颖，李贵杰，徐联仓．团队情绪研究述评及展望［J］．心理科学进展，2008，16（6）：926-932.

［246］汤超颖，赵丽丽．顾客满意度的实证研究——基于员工情绪劳动、员工顾客融洽性的视角［J］．现代管理科学，2011（4）.

［247］王崇鲁，尹涛，吕廷杰．顾客满意度和顾客忠诚度关系研究［J］．中国电子商情：通信市场，2004（10）.

［248］王璐，汤超颖，弓少云．服务业员工情绪智力、动机与情绪劳动的关系［J］．经济管理，2009，31（1）.

［249］王士红，徐彪，彭纪生．组织氛围感知对员工创新行为的影响——基

于知识分享意愿的中介效应 [J] . 科研管理, 2013, 34 (5) .

[250] 王琴. 利用情感需求提高顾客转移的心理成本 [J] . 外国经济与管理, 2001 (9) : 37 - 40.

[251] 王天辉, 汤超颖, 李智等. 销售人员情绪劳动策略、移情与销售绩效的实证研究 [J] . 科技管理研究, 2011 (15) : 1348 - 143.

[252] 王雪婧. 服务企业一线员工情感劳动的管 [D] . 吉林大学硕士学位论文, 2005.

[253] 王桢, 李旭培, 罗正学等. 情绪劳动工作人员心理授权与离职意向的关系: 工作倦怠的中介作用 [J] . 心理科学, 2012, 35 (1) : 186 - 190.

[254] 温碧燕, 韩小芸, 伍小奕等. 顾客的消费情感与顾客满意感关系的实证研究 [J] . 旅游科学, 2003 (4) : 1 - 7.

[255] 温忠麟, 侯杰泰, 张雷. 调节效应与中介效应的比较和应用 [J] . 心理学报, 2005, 37 (2) : 268 - 274.

[256] 文书生. 西方情绪劳动研究综述 [J] . 外国经济与管理, 2004, 26 (4) : 13 - 19.

[257] 吴宇驹, 刘毅, 凌文辁, 路红. 基于情绪调节模型的教师情绪劳动的中介效应探讨 [J] . 心理发展与教育, 2011 (3) : 304 - 312.

[258] 吴宗佑. 难应付客户频次、知觉服务训练效用两者及情绪劳动与情绪耗竭之关系——"资源保存理论" 的观点 [J] . 2006, 23 (5) : 581 - 599.

[259] 夏福斌, 路平. 情绪劳动的测量 [J] . 商业经济, 2011, 1 (365) : 68 - 70.

[260] 熊懿, 张兴贵. 情绪劳动研究: 回顾与展望 [J] . 心理学进展, 2011 (1) : 27 - 34.

[261] 谢荷锋, 马庆国. 组织氛围对员工非正式知识分享的影响 [J] . 科学学研究, 2007, 25 (2) : 306 - 311.

[262] 颜麒, 吴耀宇, 杨韫等. 华东线导游员情绪劳动的探索研究及实证启示 [J] . 旅游学刊, 2012, 3 (27) : 78 - 83.

[263] 杨林峰, 余新年, 范庭卫. 情绪劳动结构维度初探 [J] . 内蒙古农业大学学报 (社会科学版), 2008, 3 (10) : 263 - 265.

［264］张辉华，凌文辁，方俐洛．"情绪工作"研究概况［J］．心理科学进展，2006，14（1）：111－119.

［265］张若勇，刘新梅，王海珍．服务氛围对顾客知识获取影响路径的实证研究［J］．科学学研究，2008，2（26）：350－357.

［266］张若勇，刘新梅，沈力，王海珍．服务氛围与一线员工服务绩效：工作压力和组织认同的调节效应研究［J］．南开管理评论．2009，12（3）：4－11.

［267］钟建安，林剑，张媛媛．情绪表达规则、调节策略与工作倦怠关系的研究［J］．应用心理学，2007，13（2）：144－148.

［268］邹乐群，彭进清．论营销新方式——情感营销［J］．消费经济，1998（6）：52－55.